Smag af Spanien 2023

Autentiske opskrifter fra det spanske køkken

Liva Jakobsson

INDHOLD

VIGIL'S KARTOFFEL 25
    INGREDIENSER 25
    FORARBEJDNING 25
    TRICK 26

POCHAS MED PROFESSIONELLE ÆNDER 27
    INGREDIENSER 27
    FORARBEJDNING 27
    TRICK 28

HUMMER BISQUE 29
    INGREDIENSER 29
    FORARBEJDNING 29
    TRICK 30

GRØNTSAGS-KLÆBARE 31
    INGREDIENSER 31
    FORARBEJDNING 31
    TRICK 32

HJEMMELAGET MANDEN LICENS 33
    INGREDIENSER 33
    FORARBEJDNING 33
    TRICK 33

ZUCCHINI OG LAKSEKAGE 34
    INGREDIENSER 34
    FORARBEJDNING 34

TRICK 34
ARTISKOK MED SVAMPE OG PARMESAN 35
    INGREDIENSER 35
    FORARBEJDNING 35
    TRICK 36
Marineret aubergine 37
    INGREDIENSER 37
    FORARBEJDNING 37
    TRICK 37
STEGTE BABYBØNNER MED SERRANO SKINKE 38
    INGREDIENSER 38
    FORARBEJDNING 38
    TRICK 38
TRINXAT 39
    INGREDIENSER 39
    FORARBEJDNING 39
    TRICK 39
BROCCOLI GRATIN MED BACON OG AURORA Sauce 40
    INGREDIENSER 40
    FORARBEJDNING 40
    TRICK 40
BOGOGAN MED KRABBE OG SKALLER I EN GRØN MARSK 41
    INGREDIENSER 41
    FORARBEJDNING 41
    TRICK 42
KARAMELISEREDE LØG 43

INGREDIENSER 43

FORARBEJDNING 43

TRICK 43

FYLDTE SVAMPE MED SERRANO-SKIKE OG PESTOSAUCE 44

INGREDIENSER 44

FORARBEJDNING 44

TRICK 44

CAULIRO MED AJOARRIERO 45

INGREDIENSER 45

FORARBEJDNING 45

TRICK 45

BRIGT BLOMKÅL 46

INGREDIENSER 46

FORARBEJDNING 46

TRICK 46

DUXELLE 47

INGREDIENSER 47

FORARBEJDNING 47

TRICK 47

MED RØGET LAKS OG KABRAL 48

INGREDIENSER 48

FORARBEJDNING 48

TRICK 48

LOMBARDA SEGOVIAN 49

INGREDIENSER 49

FORARBEJDNING 49

TRICK 49
BRISTET PEBERSALAT 50
    INGREDIENSER 50
    FORARBEJDNING 50
    TRICK 51
FRANSKE ÆRTER 52
    INGREDIENSER 52
    FORARBEJDNING 52
    TRICK 52
FREMET SPINAT 53
    INGREDIENSER 53
    FORARBEJDNING 53
    TRICK 54
BEBABAS MED HVID BUTIFARRA 55
    INGREDIENSER 55
    FORARBEJDNING 55
    TRICK 55
GRØNNE BØNNER MED SKINKE 56
    INGREDIENSER 56
    FORARBEJDNING 57
    TRICK 57
Lammegryderet 58
    INGREDIENSER 58
    FORARBEJDNING 58
    TRICK 59
SØD AUGBLANTE Med gedeost, honning og karry 60

INGREDIENSER 60

FORARBEJDNING 60

TRICK 60

HVIDE ASPARGS OG RØGET LAKSEKAGE 61

INGREDIENSER 61

FORARBEJDNING 61

TRICK 61

PIQUILLO PEBER FYLDT MED MORCILLA MED SØD MOUSSE-SAUCE 62

INGREDIENSER 62

FORARBEJDNING 62

TRICK 62

THISTLE MED MANDELSAUCE 63

INGREDIENSER 63

FORARBEJDNING 63

TRICK 64

PISTO 65

INGREDIENSER 65

FORARBEJDNING 66

TRICK 66

PORRER MED GRØNTSAGSEDDIKE 67

INGREDIENSER 67

FORARBEJDNING 67

TRICK 67

PORRE, BACON OG PRESSET QUICHE 68

INGREDIENSER 68

FORARBEJDNING 68

TRICK 68

PARADIS I LA PROVENCALI 69

    INGREDIENSER 69

    FORARBEJDNING 69

    TRICK 69

FYLDTE LØG 70

    INGREDIENSER 70

    FORARBEJDNING 71

    TRICK 71

SVAMP MED VALNØDECREME 72

    INGREDIENSER 72

    FORARBEJDNING 72

    TRICK 72

TOMAT-BASILIKUMSKAGE 73

    INGREDIENSER 73

    FORARBEJDNING 73

    TRICK 73

KYLLING KARRY Kartoffelgryderet 74

    INGREDIENSER 74

    FORARBEJDNING 74

    TRICK 75

SØDT ÆG 76

    INGREDIENSER 76

    FORARBEJDNING 76

    TRICK 76

KARTOFLER FOR VIGTIGHED 77
    INGREDIENSER 77
    FORARBEJDNING 78
    TRICK 78
MED MOLLETOÆG 79
    INGREDIENSER 79
    FORARBEJDNING 79
    TRICK 80
KARTOFFELKAR OG HVID 81
    INGREDIENSER 81
    FORARBEJDNING 81
    TRICK 82
OMELET FRA BRUG AF COCIDO (GAMMEL TØJ) 83
    INGREDIENSER 83
    FORARBEJDNING 83
    TRICK 84
KARTOFLER FYLDT MED RØGFYLDT LACACUE, BACON OG DIJZAN 84
    INGREDIENSER 84
    FORARBEJDNING 84
    TRICK 85
KARTOFEL OG OST KROKET 85
    INGREDIENSER 85
    FORARBEJDNING 85
    TRICK 86
GODT STEGT STEGT 87

INGREDIENSER 87

FORARBEJDNING 87

TRICK 87

FLORENTINERÆG 88

INGREDIENSER 88

FORARBEJDNING 88

TRICK 88

KARToffelgryderet MED MÅNEFISK OG KRABBE 89

INGREDIENSER 89

FORARBEJDNING 89

TRICK 90

FLAMENCO STIL ÆG 91

INGREDIENSER 91

FORARBEJDNING 91

TRICK 91

TORTILLA PAISANA 92

INGREDIENSER 92

FORARBEJDNING 92

TRICK 93

STEGT ÆG MED PØLSE, MED SENNEPS 94

INGREDIENSER 94

FORARBEJDNING 94

TRICK 94

KARTOFFELKNUSSER I MARTS 95

INGREDIENSER 95

FORARBEJDNING 95

TRICK 96
PURRUSALDA 97
    INGREDIENSER 97
    FORARBEJDNING 97
    TRICK 98
FRIES 99
    INGREDIENSER 99
    FORARBEJDNING 99
    TRICK 99
Stegte svampe 100
    INGREDIENSER 100
    FORARBEJDNING 100
    TRICK 100
ÆG PÅ PLADSEN med ansjoser og oliven 101
    INGREDIENSER 101
    FORARBEJDNING 101
    TRICK 102
KARTOFFELCREME MED BACON OG PARMESAN 102
    INGREDIENSER 102
    FORARBEJDNING 102
    TRICK 103
KOGTE ÆG 103
    INGREDIENSER 103
    FORARBEJDNING 103
    TRICK 103
RYNKTE KARTOFLER 104

INGREDIENSER 104

FORARBEJDNING 104

TRICK 104

RØRÆG MED SVAMPE, KRABBE OG VILDT FJERKRÆ 105

INGREDIENSER 105

FORARBEJDNING 105

TRICK 106

STEGTE KARTOFLER MED CHORIZO OG GRØN PEBER 107

INGREDIENSER 107

FORARBEJDNING 107

TRICK 107

STATS KARTOFLER 108

INGREDIENSER 108

FORARBEJDNING 108

TRICK 108

GRANDDUKE BURGLED ÆG 108

INGREDIENSER 109

FORARBEJDNING 109

TRICK 109

KARTOFLER med ribben 110

INGREDIENSER 110

FORARBEJDNING 110

TRICK 111

PANEREDE ÆG 111

INGREDIENSER 111

FORARBEJDNING 111

TRICK 112
KARTOFLER MED HASSELNØDDER 113
    INGREDIENSER..113
    FORARBEJDNING 113
    TRICK 113
MOLLET ÆG.. 114
    INGREDIENSER... 114
    FORARBEJDNING 114
    TRICK 114
KARTOFFEL RIOJANA STIL 115
    INGREDIENSER..115
    FORARBEJDNING 115
    TRICK 116
KARTOFFEL SCUBA 117
    INGREDIENSER..117
    FORARBEJDNING 117
    TRICK 118
KRABBEOMELET MED HVIDLØG.. 119
    INGREDIENSER... 119
    FORARBEJDNING 119
    TRICK 119
DAMPTE KARTOFLER MED NÅLE 120
    INGREDIENSER.. 120
    FORARBEJDNING 120
    TRICK 120
KARTOFFELPURÉ 121

INGREDIENSER 121

FORARBEJDNING 121

TRICK 121

BØNNETORTILLA MED MORCILLA 122

INGREDIENSER 122

FORARBEJDNING 122

TRICK 122

Han stegte det 123

INGREDIENSER 123

FORARBEJDNING 123

TRICK 123

DAMPTE KARTOFLER MED NUSZKALA 124

INGREDIENSER 124

FORARBEJDNING 124

TRICK 124

Porcupine OMELET 125

INGREDIENSER 125

FORARBEJDNING 125

TRICK 125

DELVIS ÆG 126

INGREDIENSER 126

FORARBEJDNING 126

TRICK 126

ZUCCHINI OG TOMAT OMELET 127

INGREDIENSER 127

FORARBEJDNING 127

TRICK 127

TORSK AJOARRIERO 128

    INGREDIENSER 128

    FORARBEJDNING 128

    TRICK 128

DAMPET SHERRY POOP 129

    INGREDIENSER 129

    FORARBEJDNING 129

    TRICK 129

ALT I PEBRE AF MONDFISK MED KRABBE 130

    INGREDIENSER 130

    FORARBEJDNING 131

    TRICK 131

STEGE SYNING 132

    INGREDIENSER 132

    FORARBEJDNING 132

    TRICK 132

CLAMS MARINERA 133

    INGREDIENSER 133

    FORARBEJDNING 133

    TRICK 134

KAPITAL MED PILPIL 135

    INGREDIENSER 135

    FORARBEJDNING 135

    TRICK 135

ØLDREVET FONTÆNE 137

INGREDIENSER 137

FORARBEJDNING 137

TRICK 137

BLÆK I BLÆK 138

INGREDIENSER 138

FORARBEJDNING 138

TRICK 138

COD CLUB RANERO 140

INGREDIENSER 140

FORARBEJDNING 140

TRICK 141

SÅL MED ORANGE 142

INGREDIENSER 142

FORARBEJDNING 142

TRICK 142

RIOJANA KUMULE 144

INGREDIENSER 144

FORARBEJDNING 144

TRICK 145

KUMULE MED JORDBÆRSAUCE 146

INGREDIENSER 146

FORARBEJDNING 146

TRICK 146

MARINE PISTRAN 147

INGREDIENSER 147

FORARBEJDNING 147

TRICK 148
BILBAINE STYLE syning 149
   INGREDIENSER 149
   FORARBEJDNING 149
   TRICK 149
REJE SCAMPI 150
   INGREDIENSER 150
   FORARBEJDNING 150
   TRICK 150
KONDENSATOR 151
   INGREDIENSER 151
   FORARBEJDNING 151
   TRICK 151
DOURADO COD 153
   INGREDIENSER 153
   FORARBEJDNING 153
   TRICK 153
BASKERKRÆFT 154
   INGREDIENSER 154
   FORARBEJDNING 154
   TRICK 155
I Eddike 156
   INGREDIENSER 156
   FORARBEJDNING 156
   TRICK 156
MÆRKE AF NÅLE 157

INGREDIENSER 157

FORARBEJDNING 157

TRICK 157

PULVER I ADOBO (BIENMESABE) 158

INGREDIENSER 158

FORARBEJDNING 158

TRICK 159

FORSEGLET CITRUS OG TUN 160

INGREDIENSER 160

FORARBEJDNING 160

TRICK 161

KRABBEREGNJAKKE 162

INGREDIENSER 162

FORARBEJDNING 162

TRICK 162

TUNFLANE MED BASILIKUM 163

INGREDIENSER 163

FORARBEJDNING 163

TRICK 163

SOLE A LA MENIER 164

INGREDIENSER 164

FORARBEJDNING 164

TRICK 164

LAKSEBRUN MED CAVA 165

INGREDIENSER 165

FORARBEJDNING 165

TRICK 165
BILBAÍN STYLE HAVABASPIQUILTOS 166
    INGREDIENSER 166
    FORARBEJDNING 166
    TRICK 166
MUSLINGER I VINAIGRETE 167
    INGREDIENSER 167
    FORARBEJDNING 167
    TRICK 167
MARMITACO 168
    INGREDIENSER 168
    FORARBEJDNING 168
    TRICK 168
SALT HAVBOBOLE 170
    INGREDIENSER 170
    FORARBEJDNING 170
    TRICK 170
DAMPEDE SKALLER 171
    INGREDIENSER 171
    FORARBEJDNING 171
    TRICK 171
Kulmule I GALICIEN 172
    INGREDIENSER 172
    FORARBEJDNING 173
    TRICK 173
HAKE BASKETBALL 174

- INGREDIENSER 174
- FORARBEJDNING 174
- TRICK 175

KNIVE MED HVIDLØG OG CITRON 176
- INGREDIENSER 176
- FORARBEJDNING 176
- TRICK 176

VEJLIG BUDDING 177
- INGREDIENSER 177
- FORARBEJDNING 177
- TRICK 178

MONDFISK MED BLØD HVIDLØGSCREME 179
- INGREDIENSER 179
- FORARBEJDNING 179
- TRICK 179

KUMULE I CIDER MED MYNTE ÆBLEKOMPOT 181
- INGREDIENSER 181
- FORARBEJDNING 181
- TRICK 182

Marineret laks 183
- INGREDIENSER 183
- FORARBEJDNING 183
- TRICK 183

PISTAN BLUE OST 184
- INGREDIENSER 184
- FORARBEJDNING 184

TRICK	184
TUNATAKI DAMPET I SOJA	185
INGREDIENSER	185
FORARBEJDNING	185
TRICK	185
KUMULE KAGE	187
INGREDIENSER	187
FORARBEJDNING	187
TRICK	187
KAPITAL FYLDTE PEBER	188
INGREDIENSER	188
FORARBEJDNING	188
TRICK	189
RADIER	190
INGREDIENSER	190
FORARBEJDNING	190
TRICK	190
SOLDATER AF PAVIA	191
INGREDIENSER	191
FORARBEJDNING	191
TRICK	192
RACHELLA	193
INGREDIENSER	193
FORARBEJDNING	193
TRICK	193
ØRRED TIL NAVARRA	194

INGREDIENSER 194

FORARBEJDNING 194

TRICK 194

LAKSETATARA MED AVOCADO 195

INGREDIENSER 195

FORARBEJDNING 195

TRICK 195

GALICISK Kammusling 197

INGREDIENSER 197

FORARBEJDNING 197

TRICK 197

KYLLING I SAUCE MED SVAMPE 199

INGREDIENSER 199

FORARBEJDNING 199

TRICK 200

MARINERET KYLLING I ÆBLESAUD 201

INGREDIENSER 201

FORARBEJDNING 201

TRICK 201

DAMPET KYLLING NUSCALES 202

INGREDIENSER 202

FORARBEJDNING 202

TRICK 203

KYLLINGEFILET MADRILEÑA 204

INGREDIENSER 204

FORARBEJDNING 204

TRICK 204
KYLLING MED GROV WHISKY 204
    INGREDIENSER 205
    FORARBEJDNING 205
    TRICK 205
STEGT AND 206
    INGREDIENSER 206
    FORARBEJDNING 206
    TRICK 207
VILLAROY KYLLINGEBRYST 208
    INGREDIENSER 208
    FORARBEJDNING 208
    TRICK 209
KYLLINGEBRYST MED LAVSENNEPSSAUCE 210
    INGREDIENSER 210
    FORARBEJDNING 210
    TRICK 211
STEGT PINTADA MED BLOMMER OG SVAMPE 212
    INGREDIENSER 212
    FORARBEJDNING 212
    TRICK 213
VILLAROY KYLLINGEBRYST FYLDT MED KARAMELISEREDE PIQUILLOS I MODENA Eddike 214
    INGREDIENSER 214
    FORARBEJDNING 214
    TRICK 215

KYLLINGEBRYST FYLDT MED BACON, SVAMPE OG OST............ 216
    INGREDIENSER... 216
    FORARBEJDNING... 216
    TRICK 217

VIGIL'S KARTOFFEL

INGREDIENSER

1 kg kikærter

1 kg torsk

500 g spinat

50 g mandler

3 l sæt

2 spsk tomatsauce

1 spsk paprika

3 skiver ristet brød

2 fed hvidløg

1 grøn peberfrugt

1 løg

1 laurbærblad

Olivenolie

Salt

FORARBEJDNING

Lad kikærterne trække i 24 timer.

Svits løg, hvidløg og peber i tern i en gryde ved middel varme. Tilsæt paprika, laurbærblade, tomatsauce og hæld fiskefonden over. Når det begynder at koge tilsættes kikærterne. Når de er næsten bløde tilsættes torsk og spinat.

Mos imens mandlerne med det stegte brød. Bland og tilsæt til stuvningen. Kog i yderligere 5 minutter og juster saltet.

TRICK

Kikærter skal kommes i gryden med kogende vand, ellers bliver de hårde og mister meget let deres skind.

POCHAS MED PROFESSIONELLE ÆNDER

INGREDIENSER

400 g bønner

500 g hjertemuslinger

½ glas hvidvin

4 fed hvidløg

1 lille grøn peberfrugt

1 lille tomat

1 løg

1 porre

1 cayenne

hakket frisk persille

Olivenolie

FORARBEJDNING

Kom bønner, peberfrugt, et halvt løg, den rensede porre, 1 fed hvidløg og tomaten i en gryde. Dæk med koldt vand og kog i cirka 35 minutter, indtil grøntsagerne er møre.

Svits hver for sig den anden halvdel af løget, cayennepeber og de resterende fed hvidløg, skåret meget fint, ved høj varme. Tilsæt muslingerne og afglasér med vinen.

Tilsæt muslinger med sauce til de hvide bønner, tilsæt persillen og kog i yderligere 2 minutter. Juster saltet.

TRICK

Læg muslingerne i blød i koldt, saltet vand i 2 timer for at løsne al jorden.

HUMMER BISQUE

INGREDIENSER

1½ kg hummer

250 g tomater

200 g porrer

150 g smør

100 g gulerødder

100 g løg

75 g ris

1½ l fiskesaft

¼ l fløde

1 dl brændevin

1 dl vin

1 kvist timian

2 laurbærblade

Salt peber

FORARBEJDNING

Skær hummeren i stykker og steg til den er rød med 50 g smør. Antænd den med brandy og hæld vinen over. Dæk til og kog i 15 minutter.

Reserver hummerkødet. Knus deres kroppe sammen med brandy, madlavningsvin og røgelse. Gå gennem en kinesisk og fyldes op.

Steg de hakkede grøntsager (alt efter hårdhed) med det resterende smør. Til sidst tilsættes tomaterne. Fugt den med den reserverede bouillon, tilsæt krydderurter og ris. Kog i 45 minutter. Blend og passer gennem et filter. Tilsæt fløden og kog i yderligere 5 minutter.

Server cremen med den hakkede jomfruhummer.

TRICK

At flambere er at brænde en alkoholisk drik på en sådan måde, at alkoholen forsvinder, men ikke smagen. Det er vigtigt at gøre dette med udsugningsventilatoren slukket.

GRØNTSAGS-KLÆBARE

INGREDIENSER

150 g serranoskinke i tern

150 g grønne bønner

150 g blomkål

150 g ærter

150 g bønner

2 spsk mel

3 artiskokker

2 hårdkogte æg

2 gulerødder

1 løg

1 fed hvidløg

1 citron

Olivenolie

Salt

FORARBEJDNING

Rens artiskokkerne, kassér de yderste blade og spidser. Kog vand med 1 spsk mel og citronsaft, indtil det er blødt. Opdatering og reservation.

Skræl og skær gulerødderne i mellemstore stykker. Fjern strengene og enderne af bønnerne og skær dem i 3 dele. Vi plukker roser fra blomkålen.

Kog vandet og kog hver grøntsag separat, indtil den er blød. Opdatering og reservation.

Skær grøntsagssuppen i halve (undtagen artiskoksuppen).

Hak løg og hvidløg i små stykker. Lad det simre i 10 minutter med serranoskinken i tern. Tilsæt den anden spiseskefuld mel og steg i yderligere 2 minutter. Tilsæt 150 ml grøntsagsfond. Fjern og kog i 5 minutter. Tilsæt grøntsagerne og kvarte hårdkogte æg. Kog i 2 minutter, og tilsæt derefter salt.

TRICK

Grøntsagerne skal tilberedes separat, fordi tilberedningstiden ikke er den samme.

HJEMMELAGET MANDEN LICENS

INGREDIENSER

1 ¼ kg mangold

750 g kartofler

3 fed hvidløg

2 dl olivenolie

Salt

FORARBEJDNING

Vask mangold og skær bladene i store stykker. Pil bladene og skær dem i ringe. Kog blade og stilke i kogende saltet vand i 5 minutter. Opdatering, udskrivning og reserve.

Kog de skrællede og cachelada kartofler i det samme vand i 20 minutter. Dræn og reserver.

Steg pillede og fileterede hvidløg i olie. Tilsæt penca, blade og kartofler og steg i 2 minutter. Juster saltet.

TRICK

Pencaen kan fyldes med skinke og ost. Så gnider vi det ud og bager det.

ZUCCHINI OG LAKSEKAGE

INGREDIENSER

400 g zucchini

200 g frisk laks (udbenet)

750 ml creme

6 æg

1 løg

Olivenolie

Salt peber

FORARBEJDNING

Skær løget i små stykker og svits i lidt olie. Skær zucchinien i små tern og tilsæt løget. Lad det simre ved middel varme i 10 minutter.

Bland og tilsæt ½ l fløde og 4 æg til en fin dej er opnået.

Læg dem i individuelle, på forhånd smurte og meldryssede forme og bag dem ved 170 ºC i vandbad i ca. Bages i 10 minutter.

Steg imens laksen i tern let i lidt olie. Smag til og blend med den resterende fløde og 2 æg. Læg den ovenpå zucchinikagen. Fortsæt med at bage i yderligere 20 minutter, eller indtil den er stivnet.

TRICK

Serveres lun, med knust mayonnaise og et par kviste ristet safran.

ARTISKOK MED SVAMPE OG PARMESAN

INGREDIENSER

1½ kg artiskokker

200 g svampe

50 g parmesanost

1 glas hvidvin

3 store tomater

1 forårsløg

1 citron

Olivenolie

Salt peber

FORARBEJDNING

Skræl artiskokken, fjern stilken, de seje yderste blade og spidsen. Skær dem i fire dele og gnid dem med citronen for at forhindre dem i at oxidere. Book det.

Svits det hakkede løg langsomt. Hæv varmen og tilsæt de rensede og snittede svampe. Kog i 3 minutter. Hæld vinen over, og tilsæt herefter revne tomater og artiskokker. Dæk til og kog i 10 minutter eller indtil artiskokkerne er møre og saucen er tyknet.

Tallerken, sauce og drysset med parmesan.

TRICK

En anden måde at forhindre artiskokker i at oxidere er at lægge dem i blød i koldt vand med masser af frisk persille.

Marineret aubergine

INGREDIENSER

2 store auberginer

3 spiseskefulde citronsaft

3 spsk hakket frisk persille

2 spsk hakket hvidløg

1 spsk stødt spidskommen

1 spiseskefuld kanel

1 spsk varm peber

Olivenolie

Salt

FORARBEJDNING

Skær auberginen i skiver på langs. Drys med salt og lad hvile på køkkenpapir i 30 minutter. Skyl med rigeligt vand og stil til side.

Dryp olie og salt ovenpå aubergineskiverne og bag i 25 minutter ved 175 grader.

Bland de øvrige ingredienser i en skål. Tilsæt aubergine til blandingen og rør rundt. Dæk til og stil på køl i 2 timer.

TRICK

For at auberginen skal miste sin bitterhed, kan du lægge den i blød i mælk med lidt salt i 20 minutter.

STEGTE BABYBØNNER MED SERRANO SKINKE

INGREDIENSER

1 flaske bønner i olie

2 fed hvidløg

4 skiver serranoskinke

1 forårsløg

2 æg

Salt peber

FORARBEJDNING

Hæld olien fra bønnerne i en gryde. Steg det hakkede løg, det laminerede hvidløg og skinken skåret i tynde strimler. Øg varmen, tilsæt bønnerne og lad det simre i 3 minutter.

Pisk æggene for sig og smag til med salt. Hæld ægget over bønnerne og rør konstant.

TRICK

Tilsæt lidt fløde eller mælk til de sammenpiskede æg for at gøre dem glattere.

TRINXAT

INGREDIENSER

1 kg kål

1 kg kartofler

100 g bacon

5 fed hvidløg

Olivenolie

Salt

FORARBEJDNING

Tril kålen, vask den og skær den i tynde skiver. Skræl kartoflerne og skær dem i kvarte. Kog det hele sammen i 25 minutter. Tag den ud og bryd den glat med en gaffel, når den er varm.

Svits det hakkede hvidløg og bacon skåret i strimler på en pande. Tilføj det til den forrige kartoffeldej og steg begge sider i 3 minutter, som var det en kartoffelomelet.

TRICK

Kålen skal drænes godt efter kogning, ellers bruner trinxen ikke godt.

BROCCOLI GRATIN MED BACON OG AURORA Sauce

INGREDIENSER

150 g bacon i strimler

1 stor broccoli

Aurora sauce (se bouillon og saucer)

Olivenolie

Salt peber

FORARBEJDNING

Steg baconstrimlerne godt på en pande og stil dem til side.

Del broccolien i bundter og kog i rigeligt saltet vand i 10 minutter eller indtil de er møre. Afdryp og læg på en bageplade.

Læg bacon ovenpå broccolien, derefter aurorasaucen, og gratinér ved maksimal temperatur, indtil den er gyldenbrun.

TRICK

For at minimere lugten af broccoli, tilsæt en god smule eddike til kogevandet.

BOGOGAN MED KRABBE OG SKALLER I EN GRØN MARSK

INGREDIENSER

500 g kogt kardan

2 dl hvidvin

2 dl fiskesauce

2 spsk hakket frisk persille

1 spiseskefuld mel

20 skaller

4 fed hvidløg

1 løg

Olivenolie

Salt

FORARBEJDNING

Hak løg og hvidløg i små stykker. Lad det simre langsomt i 2 spsk olie i 15 minutter.

Tilsæt melet og kog i 2 minutter under konstant omrøring. Skru op for varmen, hæld vinen i og lad den køle helt af.

Fugt det med rygeren og kog i 10 minutter ved lav varme under konstant omrøring. Tilsæt persillen og smag til med salt.

Tilføj de tidligere rensede skaller og kardan. Dæk til og kog i 1 minut, indtil muslingerne åbner sig.

TRICK

Lad være med at overkoge persillen, så den ikke mister sin farve eller bliver brun.

KARAMELISEREDE LØG

INGREDIENSER

2 store løg

2 spsk sukker

1 tsk Modena eller sherryeddike

FORARBEJDNING

Steg det stegte løg tildækket, indtil det er gennemsigtigt

Dæk til og bag indtil brunet. Tilsæt sukkeret og kog i yderligere 15 minutter. Bad med eddike og kog i yderligere 5 minutter.

TRICK

Hvis du vil lave en omelet med denne mængde karamelliserede løg, skal du bruge 800 g kartofler og 6 æg.

FYLDTE SVAMPE MED SERRANO-SKIKE OG PESTOSAUCE

INGREDIENSER

500 g friske svampe

150 g Serranoskinke

1 finthakket forårsløg

Pesto sauce (se bouillon og saucer)

FORARBEJDNING

Skær løg og skinke i små stykker. Steg dem langsomt i 10 minutter. Lad det køle af.

Rens og fjern stilken af svampen. Damp dem på hovedet i en gryde i 5 minutter.

Fyld svampene med skinke og forårsløg, hæld lidt pestosauce over og bag ved 200 grader i ca. i 5 minutter.

TRICK

Det er ikke nødvendigt at tilsætte salt, for skinken og pestosaucen er let salt.

CAULIRO MED AJOARRIERO

INGREDIENSER

1 stort blomkål

1 spsk sød paprika

1 spiseskefuld eddike

2 fed hvidløg

8 spiseskefulde olivenolie

Salt

FORARBEJDNING

Del blomkålen i bundter og kog i rigeligt saltet vand i 10 minutter eller indtil færdig.

Skær hvidløget i skiver og steg det i olien. Tag gryden af varmen og tilsæt paprika. Kog i 5 sekunder, og tilsæt derefter eddike. Smag sofritoen til med salt og sauce.

TRICK

for at få blomkålen til at lugte mindre ved madlavning, tilsæt 1 glas mælk til vandet.

BRIGT BLOMKÅL

INGREDIENSER

100 g revet parmesan

1 stort blomkål

2 æggeblommer

Bechamelsauce (se bouillon og saucer)

FORARBEJDNING

Del blomkålen i bundter og kog i rigeligt saltet vand i 10 minutter eller indtil færdig.

Tilsæt béchamelsaucen (fra varmen), mens blommer og ost piskes.

Læg blomkålen i et ovnfast fad og drys med bechamelsaucen. Grill ved maksimal temperatur indtil overfladen er gyldenbrun.

TRICK

Tilføjer du revet ost og æggeblomme til béchamelen, bliver det til en ny Mornaysauce.

DUXELLE

INGREDIENSER

500 g svampe

100 g smør

100 g forårsløg (eller løg)

Salt peber

FORARBEJDNING

Rens svampene og skær dem i små stykker.

Svits det meget finthakkede løg i smørret, og tilsæt derefter svampene. Lad det simre indtil væsken er helt væk. Sæson.

TRICK

Det kan være en perfekt akkompagnement, mættende eller endda en førsteret. Svampeduxelle med pocheret æg, kyllingebryst fyldt med duxelle mv.

MED RØGET LAKS OG KABRAL

INGREDIENSER

200 g fløde

150 g røget laks

100 g Cabrales ost

50 g afskallede valnødder

6 endivieknopper

Salt peber

FORARBEJDNING

Skær endiverne, vask dem grundigt i koldt vand og sænk dem i isvand i 15 minutter.

Bland ost, laks skåret i strimler, valnødder, fløde, salt og peber i en skål og fyld endivien med denne sauce.

TRICK

At skylle endivien under koldt vand og nedsænke den i isvand vil hjælpe med at fjerne dens bitterhed.

LOMBARDA SEGOVIAN

INGREDIENSER

40 g pinjekerner

40 g rosiner

1 spsk paprika

3 fed hvidløg

1 rødkål

1 pippi æble

Olivenolie

Salt

FORARBEJDNING

Fjern den centrale stilk og de yderste blade fra rødkålen og skær i julienne strimler. Udkern æblet uden at fjerne skindet og skær det i kvarte. Kog rødkål, rosiner og æbler i 90 minutter. Dræn og reserver.

Skær hvidløget i skiver og steg det på en pande. Tilsæt pinjekernerne og rist. Tilsæt paprikaen og tilsæt rødkålen med rosiner og æbler. Steg i 5 minutter.

TRICK

For at forhindre, at rødkålen mister sin farve, skal du begynde at koge den med kogende vand og tilføje en dråbe eddike.

BRISTET PEBERSALAT

INGREDIENSER

3 tomater

2 auberginer

2 løg

1 rød peberfrugt

1 hoved hvidløg

Eddike (valgfrit)

ekstra jomfru oliven olie

Salt

FORARBEJDNING

Forvarm ovnen til 170°C.

Vask aubergine, peber og tomat, pil løget. Læg alle grøntsagerne på en bageplade og dryp med rigeligt olie. Bag i 1 time, vend af og til, så det koger jævnt. Tag den ud, som den er lavet.

Lad peberfrugten køle af, fjern skind og kerner. Julienne peberfrugt, løg og aubergine uden kerner. Fjern hvidløgsfeddene fra det ristede hoved ved at trykke let.

Bland alle grøntsagerne i en skål, smag til med et nip salt og den stegte olie. Du kan også tilføje et par dråber eddike.

TRICK

Det er tilrådeligt at lave et par snit på skindet af aubergine og tomat, så de ikke flækker under bagningen og dermed gør det nemmere at skrælle dem.

FRANSKE ÆRTER

INGREDIENSER

850 g rene ærter

250 g løg

90 g serranoskinke

90 g smør

1 liter bouillon

1 spiseskefuld mel

1 ren salat

Salt

FORARBEJDNING

Svits det hakkede løg og skinke i tern i smørret. Tilsæt melet og steg i 3 minutter.

Tilsæt bouillon og kog i yderligere 15 minutter under omrøring af og til. Tilsæt ærterne og kog i 10 minutter ved middel varme.

Tilsæt den lækre julienne og kog i yderligere 5 minutter. Tilsæt en knivspids salt.

TRICK

Kog ærterne uden låg, så de ikke bliver grå. Tilsætning af en knivspids sukker under tilberedningen forbedrer smagen af ærterne.

FREMET SPINAT

INGREDIENSER

3/4 pund frisk spinat

45 g smør

45 g mel

½ liter mælk

3 fed hvidløg

Muskatnød

Olivenolie

Salt peber

FORARBEJDNING

Bechamel er lavet af smeltet smør og mel. Lad det simre langsomt i 5 minutter, og tilsæt derefter mælken under konstant omrøring. Kog i 15 minutter, og smag til med salt, peber og muskatnød.

Kog spinaten i rigeligt saltet vand. Dræn, afkøl og klem godt sammen, så de er helt tørre.

Skær hvidløget i tern og steg det i olien i 1 minut. Tilsæt spinaten og lad det simre ved middel varme i 5 minutter.

Bland spinaten med béchamel og kog i yderligere 5 minutter under konstant omrøring.

TRICK

Et par ristede trekanter med skiveskåret brød.

BEBABAS MED HVID BUTIFARRA

INGREDIENSER

1 flaske bønner i olie

2 fed hvidløg

1 hvid pølse

1 forårsløg

Olivenolie

Salt

FORARBEJDNING

Hæld olien fra bønnerne i en gryde. Steg løg og hvidløg fint i denne olie, og tilsæt derefter pølse i tern.

Bages i 3 minutter, indtil de er let brunede. Hæv varmen, tilsæt bønnerne og svits i yderligere 3 minutter. Tilsæt en knivspids salt.

TRICK

Den kan også laves af møre bønner. For at gøre dette skal du koge i koldt vand i 15 minutter eller indtil det er blødt. Opfrisk med vand og is, og skræl derefter. Forbered derefter opskriften på samme måde.

GRØNNE BØNNER MED SKINKE

INGREDIENSER

600 g grønne bønner

150 g Serranoskinke

1 tsk paprika

5 tomater

3 fed hvidløg

1 løg

Olivenolie

Salt

FORARBEJDNING

Fjern sider og ender af bønnerne og skær dem i store tern. Kog i kogende vand i 12 minutter. Dræn, afkøl og kog.

Hak løg og hvidløg i små stykker. Sauter langsomt i 10 minutter og tilsæt Serranoskinken. Lad det simre i yderligere 5 minutter. Tilsæt paprika og revet tomat og steg til alt vandet er væk.

Tilsæt de grønne bønner til saucen og kog i yderligere 3 minutter. Tilsæt en knivspids salt.

TRICK

Chorizo kan erstattes med serranoskinke.

Lammegryderet

INGREDIENSER

450 g lam

200 g grønne bønner

150 g skrællede bønner

150 g ærter

2 liter bouillon

2 dl rødvin

4 artiskokhjerter

3 fed hvidløg

2 store tomater

2 store kartofler

1 grøn peberfrugt

1 rød peberfrugt

1 løg

Olivenolie

Salt peber

FORARBEJDNING

Lammet hakkes, krydres og steges ved høj varme. Fjern og reserver.

Svits det hakkede hvidløg og løg langsomt i den samme olie i 10 minutter. Tilsæt de revne tomater og kog indtil vandet er fordampet helt. Fugt den med vinen og lad den køle af. Hæld bouillon i, tilsæt lammet og kog i 50 minutter eller til kødet er mørt. Sæson.

Damp hver for sig i en anden gryde hakket peberfrugt, ærter, kvarte artiskokker, bønner uden tråd skåret i 8 stykker og bønner. Hæld lammebouillonen over og kog langsomt i 5 minutter. Tilsæt de skrællede og skåret kartofler. Kog indtil de er bløde. Tilsæt lam og lidt af fonden.

TRICK

Kog ærterne uden låg, så de ikke bliver grå.

SØD AUGBLANTE Med gedeost, honning og karry

INGREDIENSER

200 g gedeost

1 aubergine

Honning

karry

Mel

Olivenolie

Salt

FORARBEJDNING

Skær auberginen i tynde skiver, læg på fedtsugende papir og salt på begge sider. Lad hvile i 20 minutter. Fjern overskydende salt og mel og rist.

Skær osten i tynde skiver. Læg lagene af aubergine og ost sammen. Bages i 5 minutter ved 160 grader.

Læg på en tallerken og tilsæt 1 tsk honning og et skvæt karry til hver aubergineskive.

TRICK

Skæring af auberginen og efterlader den med salt fjerner al bitterhed.

HVIDE ASPARGS OG RØGET LAKSEKAGE

INGREDIENSER

400 g dåse asparges

200 g røget laks

½ l fløde

4 æg

Mel

Olivenolie

Salt peber

FORARBEJDNING

Bland alle ingredienserne til du får en jævn dej. Si for at undgå aspargesstrå.

Hæld i unikke, tidligere smurte og meldryssede forme. Bages ved 170°C i 20 minutter. Det kan tages varmt eller koldt.

TRICK

Mayonnaise lavet af knuste friske basilikumblade er et perfekt tilbehør.

PIQUILLO PEBER FYLDT MED MORCILLA MED SØD MOUSSE-SAUCE

INGREDIENSER

125 ml fløde

8 spiseskefulde sennep

2 spsk sukker

12 piquillo peberfrugter

2 blodpølser

Gear

Mel og æg (til overtræk)

Olivenolie

FORARBEJDNING

Smuldr sort budding og rist den sammen med en håndfuld pinjekerner på en varm pande. Lad det køle af og stop peberfrugterne. Rul i mel og æg, steg i rigeligt olie.

Kog fløden med sennep og sukker, til den er tyk. Server peberfrugterne med den varme sauce.

TRICK

Paprikaen skal steges lidt efter lidt og meget varm i olien.

THISTLE MED MANDELSAUCE

INGREDIENSER

900 g kogt kardan

75 g granulerede mandler

50 g mel

50 g smør

1 liter hønsebouillon

1 dl hvidvin

1 dl fløde

1 spsk hakket frisk persille

2 fed hvidløg

2 æggeblommer

1 løg

Olivenolie

Salt peber

FORARBEJDNING

Svits mandler og mel langsomt i smørret i 3 minutter. Hæld kyllingefonden over, mens du fortsætter med at piske og kog i yderligere 20 minutter. Tilsæt fløden, tag derefter af varmen og tilsæt blommen under omrøring. Sæson.

Svits løg og hvidløg i tern hver for sig i olien. Tilsæt tidsel, skru op for varmen og afglasér med vinen. Lad det reducere helt.

Tilsæt suppen til tidselen og server toppet med persille.

TRICK

Overopvarm ikke saucen, efter at blommen er blevet indarbejdet, så den ikke falder i søvn, og saucen forbliver klumpet.

PISTO

INGREDIENSER

4 modne tomater

2 grønne peberfrugter

2 zucchini

2 løg

1 rød peberfrugt

2-3 fed hvidløg

1 tsk sukker

Olivenolie

Salt

FORARBEJDNING

Blancher tomaterne, fjern skindet og skær dem i tern. Pil og skær løg og zucchini i tern. Rens peberfrugten fra frøene, skær kødet i tern.

Steg hvidløg og løg i lidt olie i 2 minutter. Tilsæt paprikaen og steg i yderligere 5 minutter. Tilsæt zucchinien og lad det simre et par minutter mere. Til sidst tilsættes tomaterne og koges indtil alt vandet er væk. Rens sukker og salt, og kog derefter.

TRICK

Du kan bruge knuste tomater på dåse eller en god tomatsauce.

PORRER MED GRØNTSAGSEDDIKE

INGREDIENSER

8 porrer

2 fed hvidløg

1 grøn peberfrugt

1 rød peberfrugt

1 forårsløg

1 agurk

12 spiseskefulde olie

4 spiseskefulde eddike

Salt peber

FORARBEJDNING

Skær peberfrugt, forårsløg, hvidløg og agurk i små stykker. Bland med olie, eddike, salt og peber. Fjern det.

Rens porrerne og kog dem i kogende vand i 15 minutter. Tag ud, tør og skær hver i 3 dele. Tallerken og sauce med vinaigretten.

TRICK

Lav en tomat, forårsløg, kapers og sort oliven vinaigrette. Porregratin med mozzarella og sauce. Bøde.

PORRE, BACON OG PRESSET QUICHE

INGREDIENSER

200 g Manchego ost

1 liter fløde

8 æg

6 store porrer renset

1 pakke røget bacon

1 pakke frossen butterdej

Mel

Olivenolie

Salt peber

FORARBEJDNING

Smør og mel en form, og beklæd den med butterdej. Læg alufolie og grøntsager ovenpå, så det ikke hæver, og bag i 15 minutter ved 185 ºC.

Steg imens de finthakkede porrer langsomt. Tilsæt finthakket bacon.

Bland det sammenpiskede æg med fløde, porre, bacon og revet ost. Smag til med salt og peber, læg denne blanding oven på butterdejen og bag ved 165 ºC i 45 minutter, indtil den stivner.

TRICK

For at kontrollere, at quichen er sat, prik i midten med en nål. Kommer den tør ud, er det et tegn på, at kagen er klar.

PARADIS I LA PROVENCALI

INGREDIENSER

100 g rasp

4 tomater

2 fed hvidløg

Persille

Olivenolie

Salt peber

FORARBEJDNING

Pil og hak hvidløget, og bland det derefter med brødkrummerne. Skær tomaterne i halve og fjern kernerne.

Varm olie op i en gryde og tilsæt tomaterne med skæresiden nedad. Når skindet begynder at hæve i kanterne, vendes det om. Kog i yderligere 3 minutter og læg dem i en bageplade.

Rist brødblandingen og hvidløget i samme pande. Når de er brune, drysses tomaterne over. Forvarm ovnen til 180 grader og bag i 10 minutter, pas på ikke at lade dem tørre ud.

TRICK

Den spises normalt som tilbehør, men også som hovedret, med let stegt mozzarella.

FYLDTE LØG

INGREDIENSER

125 g hakkebøf

125 g bacon

2 spsk tomatsauce

2 spsk brødkrummer

4 store løg

1 æg

Olivenolie

Salt peber

FORARBEJDNING

Svits bacon i tern og hakket kød med salt og peber, indtil det mister sin lyserøde farve. Tilsæt tomaterne og kog i yderligere 1 minut.

Bland kødet med æg og rasp.

Fjern det første lag løg og dets bund. Dæk med vand og kog i 15 minutter. Tør det, fjern midten og fyld det med kødet. Bages i 15 minutter ved 175 grader.

TRICK

Du kan lave Mornay sauce ved at erstatte halvdelen af mælken med vandet fra kogning af løgene. Hæld saucen over og gratinér.

SVAMP MED VALNØDECREME

INGREDIENSER

1 kg blandede svampe

250 ml fløde

125 ml brandy

2 fed hvidløg

Valnød

Olivenolie

Salt peber

FORARBEJDNING

Steg de fileterede hvidløg på en pande. Hæv varmen og tilsæt de rensede og snittede svampe. Steg i 3 minutter.

Fugt den med brandy og lad den køle af. Tilsæt fløden og kog langsomt i yderligere 5 minutter. Knus en håndfuld valnødder i en morter og hæld over toppen.

TRICK

Kultiverede svampe og endda dehydrerede svampe er gode muligheder.

TOMAT-BASILIKUMSKAGE

INGREDIENSER

½ l fløde

8 spsk tomatsauce (se bouillon og saucer)

4 æg

8 friske basilikumblade

Mel

Olivenolie

Salt peber

FORARBEJDNING

Bland alle ingredienserne, indtil du får en homogen masse.

Forvarm ovnen til 170°C. Fordel i tidligere meldryssede og smurte forme og bag i 20 minutter.

TRICK

Det er en fantastisk måde at bruge rester af tomatsauce fra en anden opskrift.

KYLLING KARRY Kartoffelgryderet

INGREDIENSER

1 kg kartofler

½ liter hønsebouillon

2 kyllingebryst

1 spsk karry

2 fed hvidløg

2 tomater

1 løg

1 laurbærblad

Olivenolie

Salt peber

FORARBEJDNING

Skær brysterne i mellemstore tern. Krydr og steg i varm olie. Tag den ud og reserver den.

Svits løg og hvidløg skåret i små tern i den samme olie ved svag varme i 10 minutter. Tilsæt karry og steg i endnu et minut. Tilsæt de revne tomater, hæv varmen og kog til tomaterne har mistet alt deres vand.

Skræl og skræl kartoflerne. Tilsæt dem til saucen og kog i 3 minutter. Vi bader det med bouillon og laurbærbladet. Kog på en langsom ild, indtil kartoflerne er klar, og tilsæt derefter salt og peber.

TRICK

Tag lidt bouillon og et par kartofler ud og mos med en gaffel. Vend tilbage til stuvningen og kog i 1 minut under konstant omrøring. Dette gør bouillonen tykkere uden behov for mel.

SØDT ÆG

INGREDIENSER

8 æg

Toast brød

Salt peber

FORARBEJDNING

Læg æggene i en skål dækket med koldt vand og salt. Kog til vandet koger let. Lad det stå på ilden i 3 minutter.

Fjern ægget og afkøl det i isvand. Brække forsigtigt den øverste skal af som en hat. Smag til med salt og peber og server med ristede brødstænger.

TRICK

Det er vigtigt, at ægget i det første minut bevæger sig, så blommen er i midten.

KARTOFLER FOR VIGTIGHED

INGREDIENSER

1 kg kartofler

¾ l fiskefond

1 lille glas hvidvin

1 spiseskefuld mel

2 fed hvidløg

1 løg

Mel og æg (til overtræk)

Persille

Olivenolie

FORARBEJDNING

Skræl kartoflerne og skær dem i ikke for tykke skiver. Mel og passer gennem ægget. Bag og stil til side.

Skær løg og hvidløg i små stykker og pil dem. Tilsæt og rist en spiseskefuld mel og hæld over vinen. Lad det køle af, til det er næsten tørt og vådt med rygeren. Kog i 15 minutter ved lav varme. Smag til med salt og tilsæt persillen.

Tilsæt kartoflerne til saucen og kog indtil de er bløde.

TRICK

Du kan tilføje et par stykker havtaske eller kulmule og rejer.

MED MOLLETOÆG

INGREDIENSER

8 æg

150 g tørret boletus

50 g smør

50 g mel

1 dl sød vin

2 fed hvidløg

Muskatnød

Eddike

Olie

Salt peber

FORARBEJDNING

Hydrer boletusen i ca. 1 time i 1 liter varmt vand. Kog imens æggene i kogende, saltet og eddiket vand i 5 minutter. Fjern og opfrisk straks i iskoldt vand. Skræl det forsigtigt.

Si porcini og gem vandet. Skær hvidløget i skiver og steg let i olien. Tilsæt porcini og kog i 2 minutter ved høj varme. Smag til med salt og peber og bad i den søde vin, indtil den er blød og saucen tørrer.

Smelt smørret med melet i en gryde. Lad det simre ved lav varme i 5 minutter uden at holde op med at røre. Hæld vandet fra boletus-hydreringen. Kog i 15 minutter ved lav varme under konstant omrøring. Smag til og tilsæt muskatnød.

Kom porcini og derefter ægget på en tallerken og pynt med saucen.

TRICK

Det blødkogte æg skal efterlades med ostemasseproteinet og den flydende blomme.

KARTOFFELKAR OG HVID

INGREDIENSER

1 kg kartofler

600 g udbenet, skindfri hvillingtorsk

4 spiseskefulde tomatsauce

1 stort løg

2 fed hvidløg

1 laurbærblad

Brandy

Olivenolie

Salt peber

FORARBEJDNING

Skræl kartoflerne, skær dem i kvarte og kog dem i saltet vand i 30 minutter. Dræn og passer gennem madmøllen. Fordel puréen på husholdningsfilm og stil til side.

Hak løg og hvidløg i små stykker. Steg ved middel varme i 5 minutter, tilsæt derefter laurbærbladet og den hakkede og krydrede hvilling. Lad det simre i yderligere 5 minutter uden at afbryde omrøringen, fugt med en dråbe brandy og lad det sætte sig. Tilsæt tomatsaucen og kog i endnu et minut. Lad det køle af.

Fordel hvillingen på kartoffelbunden, rul den til en sigøjnerrulleform, og stil den på køl indtil servering.

TRICK

Den kan laves med enhver frisk eller frossen fisk. Server med pink sauce eller aioli.

OMELET FRA BRUG AF COCIDO (GAMMEL TØJ)

INGREDIENSER

125 g underlår

100 g høne eller kylling

60 g kål

60 g bacon

1 tsk paprika

3 fed hvidløg

1 sort budding

1 pølse

1 løg

2 spsk olivenolie

Salt

FORARBEJDNING

Hak løg og hvidløg i små stykker. Lad det simre ved svag varme i 10 minutter. Skær det kogte kød og kål i små stykker og tilsæt løget. Steg ved middel varme til kødet er gyldenbrunt og brunet.

Pisk æggene og tilsæt til kødet. Juster saltet.

Varm en pande godt op, tilsæt olien, og steg tortillaen på begge sider.

TRICK

Server med en god spidskommen tomatsauce.

KARTOFLER FYLDT MED RØGFYLDT LACACUE, BACON OG DIJZAN

INGREDIENSER

4 mellemstore kartofler

250 g bacon

150 g parmesanost

200 g røget laks

½ l fløde

1 aubergine

Olivenolie

Salt peber

FORARBEJDNING

Vask kartoflerne grundigt og kog dem med skindet ved middel varme i 25 minutter eller indtil de er bløde. Dræn, skær i halve og afdryp og efterlader et let lag. Hold kartoflerne hele og afdryp dem.

Steg bacon skåret i tynde strimler på en varm pande. Fjern og reserver. Svits aubergine skåret i små tern i den samme olie i 15 minutter eller indtil den er blød.

Kom de afdryppede kartofler, pocheret aubergine, bacon, laks skåret i strimler, parmesan og fløde i en gryde. Kog i 5 minutter ved middel varme, og tilsæt derefter salt og peber.

Fyld kartoflerne med den forrige blanding og gratinér dem til de er gyldenbrune ved 180 ºC.

TRICK

Du kan lave nogle auberginer med samme fyld.

KARTOFEL OG OST KROKET

INGREDIENSER

500 g kartofler

150 g revet parmesan

50 g smør

Mel, æg og rasp (til overtræk)

2 æggeblommer

Muskatnød

Salt peber

FORARBEJDNING

Skræl kartoflerne, skær dem i kvarte og kog dem ved middel varme med vand og salt i 30 minutter. Dræn og passer gennem madmøllen. Mens det er varmt tilsættes smør, æggeblomme, salt, peber, muskatnød og parmesan. Lad det køle af.

Form kroketlignende kugler og rul dem i mel, sammenpisket æg og rasp. Steg i rigeligt olie til de er gyldenbrune.

TRICK

Før overtræk lægges 1 tsk tomatsauce og et stykke friskkogt pølse i midten af kroketten. De er lækre.

GODT STEGT STEGT

INGREDIENSER

1 kg sene eller mid-sen kartofler (sur eller Monalisa sort)

1 liter olivenolie

Salt

FORARBEJDNING

Skræl kartoflerne og skær dem i almindelige tern. Vask dem i rigeligt koldt vand, indtil de bliver helt gennemsigtige. tørre godt

Varm olie op i en gryde ved middel varme til cirka 150 grader. Når det begynder at boble let, men konstant, tilsættes kartoflerne og steges, indtil de er meget bløde, og pas på ikke at knække dem.

Øg varmen til høj med den meget varme olie og tilsæt kartoflerne i portioner under omrøring med en hulske. Bages til de er gyldenbrune og sprøde. Tag den ud og dræn den overskydende olie og salt af.

TRICK

Begge olietemperaturer er vigtige. Dette vil gøre den meget blød indeni og sprød udenpå. Tilsæt saltet til sidst.

FLORENTINERÆG

INGREDIENSER

8 æg

800 g spinat

150 g spegeskinke

1 fed hvidløg

Bechamelsauce (se bouillon og saucer)

Salt

FORARBEJDNING

Kog spinaten i kogende saltet vand i 5 minutter. Opfrisk og klem for at miste alt vand. Hak fint og stil til side.

Hak hvidløget og svits i 1 minut ved middel varme. Tilsæt skinke i tern og kog i yderligere 1 minut. Hæv varmen, tilsæt spinaten og kog i yderligere 5 minutter. Fordel derefter spinaten i 4 lerpotter.

Hæld 2 stykker af det revne æg oven på spinaten. Fordel med bechamelsaucen og bag i 8 minutter ved 170 ºC.

TRICK

Florentinere kaldes præparater lavet med spinat.

KARToffelgryderet MED MÅNEFISK OG KRABBE

INGREDIENSER

4 kartofler

300 g ren, udbenet havtaske

250 g pillede rejer

½ l fiskesaft

1 glas hvidvin

1 spsk chorizo peberpasta

1 tsk paprika

8 tråde safran

3 skiver ristet brød

2 fed hvidløg

1 løg

Olivenolie

Salt peber

FORARBEJDNING

Svits løg og hakket hvidløg ved svag varme i 10 minutter. Tilsæt brødskiverne og rist. Tilsæt safran, paprika og chorizopeber. Steg i 2 minutter.

Gem kartoflerne og tilsæt saucen. Steg i 3 minutter. Tilsæt vinen og lad den køle helt af.

Hæld bouillon over og kog ved svag varme, indtil kartoflerne er næsten færdige. Tilsæt havtaske skåret i stykker og de pillede rejer. Krydr og kog i yderligere 2 minutter. Lad stå i 5 minutter, fjernet fra varmen.

TRICK

Cachelar kartoffel betyder at rive den i ensartede stykker uden at skære den helt. Dette vil gøre bouillonen tykkere.

FLAMENCO STIL ÆG

INGREDIENSER

8 æg

200 g tomatsauce

1 lille dåse piquillo peberfrugt

4 spsk kogte ærter

4 skiver serranoskinke

4 tykke skiver chorizo

4 dåser asparges

FORARBEJDNING

Fordel tomatsaucen mellem 4 lerpotter. Kom 2 revne æg i hver og del ærter, chorizo og skinke skåret i stykker samt peberfrugt og asparges i forskellige bunker.

Bages ved 190 grader til æggene er lidt bløde.

TRICK

Det kan laves med botifarra og endda frisk pølse.

TORTILLA PAISANA

INGREDIENSER

6 æg

3 store kartofler

25 g kogte ærter

25 g pølse

25 g Serranoskinke

1 grøn peberfrugt

1 rød peberfrugt

1 løg

Olivenolie

Salt peber

FORARBEJDNING

Skær løg og peber i små stykker. Skær de skrællede kartofler i meget tynde skiver. Svits kartoflerne med løg og peberfrugt ved middel varme.

Steg chorizoen og skinken skåret i små tern. Dræn kartoflerne med løg og peberfrugt. Bland med chorizo og skinke. Tilsæt ærterne.

Pisk æggene sammen, smag til med salt og peber og bland med kartoflerne og de øvrige ingredienser. Varm en medium pande godt op, tilsæt den forrige blanding og blend på begge sider.

TRICK

Du behøver ikke sove meget, for den bliver klar med restvarmen. Dette vil gøre det saftigere.

STEGT ÆG MED PØLSE, MED SENNEPS

INGREDIENSER

8 æg

2 tyske røgpølser

5 spiseskefulde sennep

4 spiseskefulde fløde

2 pickles

Salt peber

FORARBEJDNING

Bland den finthakkede agurk med sennep og fløde.

Skær pølsen i tynde skiver i bunden af 4 lerpotter. Hæld sennepssaucen ovenpå, derefter 2 revne æg i hver. Sæson.

Bages ved 180 grader til proteinet er blødt.

TRICK

Tilsæt 2 spsk revet parmesanost og et par kviste frisk timian til senneps- og flødeblandingen.

KARTOFFELKNUSSER I MARTS

INGREDIENSER

7 store æg

Bag 800 g kartofler

1 dl hvidvin

¼ liter hønsebouillon

1 spsk frisk persille

1 tsk paprika

1 tsk mel

3 fed hvidløg

Jomfru olivenolie

Salt

FORARBEJDNING

Hak hvidløget fint og steg det ved middel varme i 3 minutter uden at brune for meget. Tilsæt melet og steg i 2 minutter. Tilsæt paprikaen og steg i 5 sekunder. Fugt den med vinen og lad den køle helt af. Bad med bouillon og kog i 10 minutter ved svag varme under omrøring af og til. Tilsæt salt og drys med persille.

Skræl kartoflerne. Skær på langs i kvarte, og disse i tynde skiver. steg til de er bløde og let gyldenbrune.

Pisk æggene og smag til med salt. Dræn kartoflerne godt og kom dem i det sammenpiskede æg. Juster saltet.

Varm en pande op, tilsæt 3 spsk af den olie, der blev brugt til at stege kartoflerne, og tilsæt derefter æg-kartoffelblandingen. Rør i 15 sekunder ved høj varme. Vend det med en tallerken. Varm panden op og tilsæt yderligere 2 spsk olie fra stegning af kartoflerne. Tilsæt tortillaen og rist ved høj varme i 15 sekunder. Tilsæt salt og kog ved svag varme i 5 minutter.

TRICK

Du kan bruge rester af bouillon fra gryderetter eller risretter til denne opskrift.

PURRUSALDA

INGREDIENSER

1 kg kartofler

200 g usaltet torsk

100 ml hvidvin

3 mellemstore porrer

1 stort løg

FORARBEJDNING

Kog torsken i 1 l koldt vand i 5 minutter. Fjern torsken, smuldr den og fjern benene. Reserver kogevandet.

Julienne løget og lad det simre i en gryde ved svag varme i cirka 20 minutter. Skær porren i lidt tykke skiver og tilsæt løget. Lad det simre i yderligere 10 minutter.

Cachelar (riv, skær ikke) kartoflerne og tilsæt til stuvningen, når porrerne er kogt. Svits kartoflerne lidt, hæv varmen og drys med hvidvin. Lad det reducere.

Gryderetten bades i vandet fra kogning af torsken, krydres med salt (den skal være lidt blød) og koges til kartoflerne er bløde. Tilsæt torsken og kog i yderligere 1 minut. Tilsæt salt og lad det stå tildækket i 5 minutter.

TRICK

Vend denne gryderet til fløde. Det skal bare knuses og filtreres. Bøde.

FRIES

INGREDIENSER

500 g kartofler

1 glas hvidvin

1 lille løg

1 grøn peberfrugt

Olivenolie

Salt

FORARBEJDNING

Skræl kartoflerne og skær dem i tynde skiver. Skær løg og peber i julienne strimler. Vi lægger det på en bageplade. Smag til med salt og drys godt med olie. Bland så det hele er godt imprægneret og dæk med alufolie.

Bages ved 160 ºC i 1 time. Fjern, fjern papiret og bad med glasset vin.

Bages uden låg ved 200 grader i yderligere 15 minutter.

TRICK

Du kan erstatte vinen med ½ kop vand, ½ kop eddike og 2 spsk sukker.

Stegte svampe

INGREDIENSER

8 æg

500 g svampe renset og skåret i skiver

100 g serranoskinke i tern

8 skiver ristet brød

2 fed hvidløg

Olivenolie

FORARBEJDNING

Skær hvidløget i skiver og steg det let sammen med skinke i tern uden at tilsætte farve. Hæv varmen, tilsæt de rensede og snittede svampe og steg i 2 minutter.

Tilsæt det sammenpiskede æg, under konstant omrøring, til det bliver let stift og skummende.

TRICK

Det er ikke nødvendigt at tilsætte salt, for det giver Serranoskinken.

ÆG PÅ PLADSEN med ansjoser og oliven

INGREDIENSER

8 æg

500 g tomater

40 g udstenede sorte oliven

12 ansjoser

10 kapers

3 fed hvidløg

1 forårsløg

Oregano

Sukker

Olivenolie

Salt

FORARBEJDNING

Hak hvidløg og løg fint. Steg i 10 minutter ved svag varme.

Skræl tomaterne, fjern kernerne og skær dem i små tern. Tilsæt hvidløg og løgsaucen. Øg varmen og kog indtil tomaterne mister alt deres vand. Juster salt og sukker.

Fordel tomaterne i lerpotter. Tilsæt 2 revne æg og hæld over de øvrige hakkede ingredienser. Bages ved 180 grader til proteinet er blødt.

TRICK

Tilsætning af sukker til opskrifter med tomater tjener til at balancere surhedsgraden, det giver.

KARTOFFELCREME MED BACON OG PARMESAN

INGREDIENSER

1 kg kartofler

250 g bacon

150 g parmesanost

300 ml fløde

3 løg

Muskatnød

Olivenolie

Salt peber

FORARBEJDNING

Bland fløden med ost, salt, peber og muskatnød i en skål.

Skræl kartofler og løg og skær dem i tynde skiver. Lad det simre til det er blødt i en gryde. Dræn og krydr.

Steg bacon skåret i strimler hver for sig og kom det i gryden sammen med kartoflerne.

Læg kartoflerne i et fad, overtræk dem med flødemassen, og bag dem ved 175°C, indtil toppen er augratin.

TRICK

Denne opskrift kan laves uden at koge kartoflerne. Det eneste du skal gøre er at bage ved 150 grader i 1 time.

KOGTE ÆG

INGREDIENSER

8 æg

Salt

FORARBEJDNING

Kog æggene i kogende vand i 11 minutter.

Opfrisk med vand og is, og skræl derefter.

TRICK

For at gøre det nemmere at skrælle dem, tilsæt rigeligt salt til kogevandet og skræl dem umiddelbart efter afkøling.

RYNKTE KARTOFLER

INGREDIENSER

1 kg små kartofler

500 g groft salt

FORARBEJDNING

Kog kartoflerne i saltet vand, indtil de er bløde. De skal være helt dækket med en ekstra fingers vand. Dræn kartoflerne.

Læg kartoflerne tilbage i den samme gryde (uden at vaske dem) og sæt dem på et langsomt bål, mens du rører forsigtigt, indtil de er tørre. I dette tilfælde dannes der et lille lag salt på hver kartoffel, og huden bliver rynket.

TRICK

Det er det perfekte tilbehør til saltet fisk. Prøv det med lidt pesto.

RØRÆG MED SVAMPE, KRABBE OG VILDT FJERKRÆ

INGREDIENSER

8 æg

300 g friske svampe

100 g rejer

250 ml bouillon

2 spsk Pedro Ximenez

1 tsk mel

1 bundt vilde asparges

Olivenolie

1 dl eddike

Salt peber

FORARBEJDNING

Kog æggene i rigeligt kogende saltet vand og rigeligt med eddike. Sluk for varmen, dæk gryden og vent 3 eller 4 minutter. Hviden skal være kogt, og blommen skal være flydende. Fjern, dræn og krydr.

Rens aspargesene og halver dem på langs. Steg dem på en pande ved høj varme, tilsæt salt og stil til side. Sauter de pillede og krydrede rejer i den samme olie ved meget høj varme i 30 sekunder. Tilbagetrækning.

Steg de skivede svampe i samme pande ved høj varme i 1 minut, tilsæt melet og steg i endnu et minut. Fugt den med Pedro Ximénez, indtil den bliver blød og tørrer. Hæld den saltede bouillon over og bring det i kog.

Læg asparges, rejer og svampe på en tallerken, og tilsæt æggene. Sauce med Pedro Ximénez sauce.

TRICK

Kog bouillonen op med 1 kvist rosmarin, indtil den når halvdelen af sin volumen.

STEGTE KARTOFLER MED CHORIZO OG GRØN PEBER

INGREDIENSER

6 æg

120 g hakket chorizo

4 kartofler

2 italienske grønne peberfrugter

2 fed hvidløg

1 forårsløg

Olivenolie

Salt peber

FORARBEJDNING

Skræl kartoflerne, vask dem og skær dem i mellemstore tern. Vask grundigt, indtil vandet er klart. Julienneløg og peberfrugt.

Steg kartoflerne i rigeligt varm olie, og tilsæt derefter peberfrugt og forårsløg, indtil grøntsagerne er gyldenbrune og bløde.

Dræn kartoflerne, forårsløg og paprika. Lad lidt olie blive i gryden for at brune den hakkede chorizo. Bland kartoflerne med forårsløg og paprika igen. Tilsæt de sammenpiskede æg og bland let. Tilsæt salt og peber.

TRICK

Du kan erstatte chorizo med sort budding, chistorra og endda botifarra.

STATS KARTOFLER

INGREDIENSER

1 kg kartofler

3 fed hvidløg

1 lille grøn peberfrugt

1 lille rød peberfrugt

1 lille løg

Frisk persille

Olivenolie

4 spiseskefulde eddike

Salt

FORARBEJDNING

Knus hvidløget med persille, eddike og 4 spsk vand.

Skræl kartoflerne og skær dem i stykker, som for omeletten. Steg i rigeligt varm olie, og tilsæt derefter løg og peberfrugt skåret i fine julienne-strimler. Fortsæt med at bage, indtil de er let gyldne.

Fjern og dræn kartofler, løg og peberfrugter. Tilsæt presset hvidløg og eddike. Fjern og salt.

TRICK

Et perfekt tilbehør til alt kød, især fedtholdigt såsom lam og svinekød.

GRANDDUKE BURGLED ÆG

INGREDIENSER

8 æg

125 g parmesanost

30 g smør

30 g mel

½ liter mælk

4 skiver ristet brød

Muskatnød

Eddike

Salt peber

FORARBEJDNING

Besamelsauce laves ved at riste melet i smørret i 5 minutter ved svag varme, tilsætte mælken under konstant omrøring og koge i yderligere 5 minutter. Smag til med salt, peber og muskatnød.

Kog æggene i rigeligt kogende saltet vand og rigeligt med eddike. Sluk for varmen, dæk gryden og vent 3 eller 4 minutter. Fjern og dræn.

Læg det pocherede æg på det ristede brød og drys med bechamelsaucen. Drys med revet parmesan og steg i ovnen.

TRICK

Når vandet koger røres det med en pind og straks tilsættes ægget. Dette giver os en afrundet og perfekt form.

KARTOFLER med ribben

INGREDIENSER

3 store kartofler

1 kg marinerede svineribbe

4 spiseskefulde tomatsauce

2 fed hvidløg

1 laurbærblad

1 grøn peberfrugt

1 rød peberfrugt

1 løg

Olivenolie

Salt

FORARBEJDNING

Skær ribbenene i halve og steg dem på en meget varm pande. Tag den ud og reserver den.

Svits peberfrugt, hvidløg og løg skåret i mellemstore stykker i samme olie. Når grøntsagerne er blevet bløde tilsættes tomatsaucen og ribbenene tilsættes igen. Bland og dæk med vand. Tilsæt laurbærbladene og kog ved svag varme, indtil de er næsten bløde.

Tilsæt derefter de stegte kartofler. Tilsæt salt og kog indtil kartoflerne er bløde.

TRICK

At cachelarisere en kartoffel betyder at smadre den med en kniv uden at skære den helt. Dette sikrer, at stivelsen bliver frigjort fra kartoflerne, og at bouillonen bliver rigere og tykkere.

PANEREDE ÆG

INGREDIENSER

8 æg

70 g smør

70 g mel

Mel, æg og rasp (til overtræk)

½ liter mælk

Muskatnød

Olivenolie

Salt peber

FORARBEJDNING

Varm en pande op med olivenolie, steg æggene, lad blommerne være rå eller meget lidt. Fjern, salt og fjern overskydende olie.

Besamel laves ved at stege mel i smeltet smør i 5 minutter. Tilsæt mælken under konstant omrøring og kog ved middel varme i 10 minutter. Smag til med krydderier og muskatnød.

Beklæd forsigtigt æggene med bechamel på alle sider. Lad afkøle i køleskabet.

Pisk æggene i mel, sammenpisket æg og rasp, og steg derefter i rigeligt varm olie, indtil de er gyldenbrune.

TRICK

Jo friskere ægget er, jo mindre sprøjter det under bagningen. For at gøre dette skal du tage dem ud af køleskabet 15 minutter før bagning.

KARTOFLER MED HASSELNØDDER

INGREDIENSER

750 g kartofler

25 g smør

1 tsk hakket frisk persille

2 spsk olivenolie

Salt peber

FORARBEJDNING

Skræl kartoflerne og form dem til kugler. Kog dem i en gryde i saltet koldt vand. Når de først koger, vent 30 sekunder og dræn.

Smelt smørret med olien i en gryde. Tilsæt de tørrede og afdryppede kartofler og kog over medium varme, indtil kartoflerne er gyldenbrune og bløde indeni. Tilsæt salt, peber og persille.

TRICK

De kan også bages i ovn ved 175 grader under omrøring af og til, til de er bløde og gyldenbrune.

MOLLET ÆG

INGREDIENSER

8 æg

Salt

Eddike

FORARBEJDNING

Kog æggene i kogende vand med salt og eddike i 5 minutter. Tag den ud og afkøl den straks i iskoldt vand, og skræl den derefter forsigtigt.

TRICK

For nem pilning af kogte æg, tilsæt rigeligt salt til vandet.

KARTOFFEL RIOJANA STIL

INGREDIENSER

2 store kartofler

1 tsk chorizo eller ñora peberpasta

2 fed hvidløg

1 asturisk chorizo

1 grøn peberfrugt

1 laurbærblad

1 løg

Paprika

4 spiseskefulde olivenolie

Salt

FORARBEJDNING

Svits det hakkede hvidløg i olien i 2 minutter. Tilsæt løget skåret i julienne-strimler og peberfrugten og steg ved middel varme i 25 minutter (farven skal være karamelliseret). Tilsæt en teskefuld chorizopeber.

Tilsæt den hakkede chorizo og steg i yderligere 5 minutter. Tilsæt cachelada kartoflerne og kog i yderligere 10 minutter under konstant omrøring. Smag til med salt.

Tilsæt paprika og dæk med vand. Kog sammen med laurbærbladene ved meget svag varme, til kartoflerne er bløde.

TRICK

Vi kan lave en creme af resten. Dette er en vidunderlig appetitvækker.

KARTOFFEL SCUBA

INGREDIENSER

3 store kartofler

1 kg ren blæksprutte

3 fed hvidløg

1 dåse ærter

1 stort løg

Fiskefond

Frisk persille

Olivenolie

Salt

FORARBEJDNING

Skær løg, hvidløg og persille i små stykker. Steg det hele på en pande ved middel varme.

Når grøntsagerne er brunet, hæver du varmen til maksimum og damper blæksprutten skåret i mellemstore stykker i 5 minutter. Hæld fisken (eller koldt vand) over og kog indtil blæksprutten er mør. Tilsæt salt, og tilsæt derefter de skrællede og cachelada kartofler og ærterne.

Skru ned for varmen og kog til kartoflerne er færdige. Smag til med salt og server varm.

TRICK

Det er meget vigtigt at dampe blæksprutten ved meget høj varme, ellers bliver den hård og ikke særlig saftig.

KRABBEOMELET MED HVIDLØG

INGREDIENSER

8 æg

350 g pillede rejer

4 fed hvidløg

1 cayenne

Olivenolie

Salt

FORARBEJDNING

Skær hvidløget i skiver og steg det let sammen med cayennepeber. Tilsæt rejerne, krydr med salt og tag dem af varmen. Dræn rejer, hvidløg og cayennepeber.

Varm panden godt op med hvidløgsolien. Pisk og krydr æggene. Tilsæt rejer og hvidløg og vend forsigtigt til pels.

TRICK

For at forhindre, at tortillaen klæber til gryden, skal du varme den godt op, inden du tilsætter olien.

DAMPTE KARTOFLER MED NÅLE

INGREDIENSER

1 kg kartofler

500 g usaltet torsk

1 l sæt

2 fed hvidløg

1 grøn peberfrugt

1 rød peberfrugt

1 løg

hakket frisk persille

Olivenolie

Salt

FORARBEJDNING

Skær løg, hvidløg og peber i små stykker. Svits grøntsagerne ved svag varme i 15 minutter.

Tilsæt cacheladaskartoflerne (revet, ikke skåret) og steg i yderligere 5 minutter.

Smag til med røg til salt og kog til kartoflerne er næsten færdige. Tilsæt derefter torsk og persille og kog i 5 minutter. Smag til med salt og server varm.

TRICK

Inden rygning tilsættes 1 glas hvidvin og et par cayennepeber.

KARTOFFELPURÉ

INGREDIENSER

400 g kartofler

100 g smør

200 ml mælk

1 laurbærblad

Muskatnød

Salt peber

FORARBEJDNING

Kog de vaskede og snittede kartofler med laurbærbladene ved middel varme, indtil de er bløde. Dræn kartoflerne og før dem gennem en kartoffelmoser.

Kog mælken op med smør, muskatnød, salt og peber.

Hæld mælken over kartoflerne og pisk med en pind. Udskift eventuelt det, der mangler.

TRICK

Tilsæt 100 g revet parmesan og pisk med et piskeris. Resultatet er lækkert.

BØNNETORTILLA MED MORCILLA

INGREDIENSER

8 æg

400 g bønner

150 g blodpølse

1 fed hvidløg

1 løg

Olivenolie

Salt

FORARBEJDNING

Kog bønnerne i kogende vand med lidt salt til de er bløde. Si og opfrisk med koldt vand og is.

Hak løg og hvidløg i små stykker. Lad det simre ved svag varme i 10 minutter sammen med sort budding, pas på den ikke går i stykker. Tilsæt bønnerne og kog i yderligere 2 minutter.

Pisk æg og salt. Tilsæt bønnerne og brun dem i en meget varm pande.

TRICK

Hvis du vil lave en endnu mere spektakulær ret, skal du fjerne skindet fra bønnerne umiddelbart efter, at de er afkølet. Det vil have en finere tekstur.

Han stegte det

INGREDIENSER

8 æg

100 g hvidløgsspirer

8 skiver ristet brød

8 vilde asparges

2 fed hvidløg

Olivenolie

Salt peber

FORARBEJDNING

Skær hvidløgsspirerne og de pillede asparges i små stykker. Skær hvidløget i skiver og steg let sammen med hvidløgsspirer og asparges. Sæson.

Tilsæt det sammenpiskede æg, under konstant omrøring, indtil det tykner lidt. Røræggene serveres på ristede skiver brød

TRICK

Æggene kan også tilberedes i en skål i en bain-marie, ved middel varme, under konstant omrøring. De vil have en cremet tekstur.

DAMPTE KARTOFLER MED NUSZKALA

INGREDIENSER

6 store kartofler

500 g kantareller

1 niveau tsk sød paprika

1 fed hvidløg

1 løg

½ grøn peberfrugt

½ rød peberfrugt

krydret paprika

Oksebouillon (bare nok til at dække)

FORARBEJDNING

Skær grøntsagerne i små stykker og steg dem ved svag varme i 30 minutter. Tilsæt cachelada kartoflerne (revet, ikke skåret) og steg i 5 minutter. Tilsæt de rene kantareller, skåret i kvarte, uden stilke.

Steg i 3 minutter, og tilsæt derefter den søde peber og en knivspids varm peber. Hæld bouillonen over og smag til med salt (den skal være let blød). Kog over en langsom ild og tilsæt salt.

TRICK

Tag et par kogte kartofler ud med lidt bouillon, mos dem og kom dem tilbage i stuvningen for at tykne saucen.

Porcupine OMELET

INGREDIENSER

8 æg

400 g ren boletus

150 g rejer

3 fed hvidløg

2 spsk olivenolie

Salt peber

FORARBEJDNING

Hak hvidløget i små stykker og steg det lidt på en pande ved middel varme.

Skær boletusen i tern, hæv varmen og kom den på panden med hvidløg. Kog i 3 minutter. Tilsæt pillede og krydrede rejer og steg i yderligere 1 minut.

Pisk æggene og tilsæt salt. Tilsæt porcini og rejer. Varm en pande op med 2 spsk olie rigtig godt og blend begge sider af tortillaen.

TRICK

Når alle ingredienserne er blandet, tilsæt en sjat varm trøffelolie. glæde

DELVIS ÆG

INGREDIENSER

8 æg

125 g parmesanost

8 skiver serranoskinke

8 skiver ristet brød

Bechamelsauce (se bouillon og saucer)

Eddike

Salt peber

FORARBEJDNING

Kog æggene i rigeligt kogende saltet vand og rigeligt med eddike. Sluk for varmen, dæk gryden og vent 3 eller 4 minutter. Fjern og opfrisk med vand og is. Fjern med en hulske og læg på køkkenpapir.

Del serranoskinken i 4 ben. Læg æggene ovenpå, hæld bechamelsaucen over og drys med revet parmesan. Grill indtil osten er brunet.

TRICK

Det kan laves med røget bacon og endda sobrassada.

ZUCCHINI OG TOMAT OMELET

INGREDIENSER

8 æg

2 tomater

1 zucchini

1 løg

Olivenolie

Salt

FORARBEJDNING

Skær løget i tynde strimler og steg ved svag varme i 10 minutter.

Skær zucchini og tomater i skiver og steg dem på en meget varm pande. Når de er gyldenbrune skæres zucchini og tomater i tynde strimler. Tilsæt løget og smag til med salt.

Pisk æggene og tilsæt grøntsagerne. Juster saltet. Varm en bradepande godt op og halvsov tortillaen i kontakt med hele pandens overflade, og rul den derefter op på sig selv.

TRICK

Prøv det med aubergine i tern og bechamelsauce ved siden af.

TORSK AJOARRIERO

INGREDIENSER

400 g smuldret usaltet torsk

2 spiseskefulde hydreret chorizopeber

2 spsk tomatsauce

1 grøn peberfrugt

1 rød peberfrugt

1 fed hvidløg

1 løg

1 chilipeber

Olivenolie

Salt

FORARBEJDNING

Julienne grøntsagerne og lad det simre ved middel-lav varme, indtil de er meget møre. Til salt.

Tilsæt en spiseskefuld chorizopeber, tomatsauce og chili. Tilsæt den smuldrede torsk og kog i 2 minutter.

TRICK

Det perfekte fyld til at lave en lækker empanada.

DAMPET SHERRY POOP

INGREDIENSER

750 g hjertemuslinger

600 ml sherryvin

1 laurbærblad

1 fed hvidløg

1 citron

2 spsk olivenolie

Salt

FORARBEJDNING

Skyl hjertemuslingerne.

Hæld 2 spsk olie i en varm pande og steg det hakkede hvidløg let.

Tilsæt muslinger, vin, laurbærblad, citron og salt på én gang. Dæk til og kog indtil de åbner sig.

Server muslingerne med saucen.

TRICK

Skylning betyder at nedsænke skallerne i koldt vand med masser af salt for at fjerne sand og snavs.

ALT I PEBRE AF MONDFISK MED KRABBE

INGREDIENSER

Til fiskefonden

15 rejer hoved og krop

1 hoved eller 2 ben djævelhale eller hvid fisk

Ketchup

1 forårsløg

1 porre

Salt

til gryderet

1 stor djævlehale (eller 2 små)

rejekroppe

1 spsk sød paprika

8 fed hvidløg

4 store kartofler

3 skiver brød

1 cayenne

uskrællede mandler

Olivenolie

Salt peber

FORARBEJDNING

Til fiskefonden

Vi laver fiskesuppe ved at stege rejekroppene og tomatsovsen. Tilsæt havtaskeben eller hoved og de stegte grøntsager. Hæld vand over og kog i 20 minutter, sigt og tilsæt salt.

til gryderet

Steg det uskårne hvidløg på en pande. Fjern og reserver. Steg mandlerne i samme olie. Fjern og reserver.

Steg brødet i samme olie. Tilbagetrækning.

Knus hvidløg, en håndfuld hele usrællede mandler, brødskiver og cayennepeber i en morter.

Når hvidløget er brunet, steges paprikaen let i olien, pas på ikke at brænde den, og tilsæt den derefter til fonden.

Tilsæt de stegte kartofler og kog til de er bløde. Tilsæt den krydrede havtaske og kog i 3 minutter. Tilsæt frugtkød og rejer og kog i yderligere 2 minutter, indtil saucen tykner. Smag til med salt og server varm.

TRICK

Brug lige nok røg til at dække kartoflerne. Den mest almindelige fisk, der bruges til denne opskrift, er ål, men den kan laves med enhver kødfuld fisk, såsom hundehat eller conger.

STEGE SYNING

INGREDIENSER

1 brasen renset, renset og afkalket

25 g rasp

2 fed hvidløg

1 chilipeber

Eddike

Olivenolie

Salt

FORARBEJDNING

Salt og olie brasenen indvendigt og udvendigt. Drys rasp ovenpå og bag ved 180 grader i 25 minutter.

Svits imens de fileterede hvidløg og chili ved middel varme. Tag en dråbe eddike af varmen og pensl brasenen med denne sauce.

TRICK

Mejsling betyder at skære i hele bredden af fisken for at tilberede den hurtigere.

CLAMS MARINERA

INGREDIENSER

1 kg muslinger

1 lille glas hvidvin

1 spiseskefuld mel

2 fed hvidløg

1 lille tomat

1 løg

½ chilipeber

Madfarve eller safran (valgfrit)

Olivenolie

Salt

FORARBEJDNING

Nedsænk muslingerne i koldt vand med rigeligt salt i et par timer for at fjerne jordiske rester.

Når de er renset, koges muslingerne i vinen og ¼ l vand. Når den er åbnet, fjern og reserver væsken.

Skær løg, hvidløg og tomat i små stykker og steg dem i lidt olie. Tilsæt chilien og kog til det hele er godt blødt.

Tilsæt en spiseskefuld mel og kog i yderligere 2 minutter. Vask dem med vandet fra kogning af muslingerne. Kog i 10 minutter, og tilsæt derefter salt. Tilsæt muslinger og kog i endnu et minut. Tilføj nu farven eller safran.

TRICK

Hvidvin kan erstattes med sød vin. Saucen er meget god.

KAPITAL MED PILPIL

INGREDIENSER

4 eller 5 usaltede torskefileter

4 fed hvidløg

1 chilipeber

½ liter olivenolie

FORARBEJDNING

Steg hvidløg og chili i olivenolie ved svag varme. Fjern dem og lad olien køle lidt af.

Tilsæt torskefileten med skindsiden opad og steg ved svag varme i 1 minut. Vend og lad stå i yderligere 3 minutter. Det vigtige er at koge det i olien, ikke at stege det.

Fjern torsken, hæld gradvist olien fra, indtil kun det hvide stof (gelatine), som torsken frigiver, er tilbage.

Når du er taget af varmen, piskes du med et par pinde eller i cirkulære bevægelser ved hjælp af et filter, mens du gradvist blander den dekanterede olie i. Saml pilpillen i 10 minutter uden at holde op med at røre.

Når den er færdig, lægges torsken i igen og røres i endnu et minut.

TRICK

For et anderledes touch, tilsæt et skinkeben eller nogle aromatiske urter til olien, hvor torsken steges.

ØLDREVET FONTÆNE

INGREDIENSER

Rene ansjoser uden torne

1 dåse meget kold øl

Mel

Olivenolie

Salt

FORARBEJDNING

Kom øllet i en skål og tilsæt mel under konstant omrøring med et piskeris, indtil du får en tyk konsistens, der næsten ikke drypper, når ansjoserne udblødes.

Til sidst steges i rigeligt olie og salt.

TRICK

Enhver type øl kan bruges. Det går spektakulært godt med sort.

BLÆK I BLÆK

INGREDIENSER

1½ kg babyblæksprutte

1 glas hvidvin

3 spiseskefulde tomatsauce

4 poser blæksprutteblæk

2 løg

1 rød peberfrugt

1 grøn peberfrugt

1 laurbærblad

Olivenolie

Salt peber

FORARBEJDNING

Svits det hakkede løg og peber ved svag varme. Når de er kogt tilsættes den rene og finthakkede babyblæksprutte. Skru op for varmen og krydr.

Fugt den med hvidvinen og lad den blive lunken. Tilsæt tomatsaucen, posen med blæksprutteblæk og laurbærbladet. Dæk til og kog ved svag varme, indtil blæksprutten er mør.

TRICK

Den kan serveres med en god pasta eller endda chips.

COD CLUB RANERO

INGREDIENSER

Torsk pil-pil

10 modne druetomater

4 chorizo peberfrugter

2 grønne peberfrugter

2 røde peberfrugter

2 løg

Sukker

Salt

FORARBEJDNING

Bag tomaterne og peberfrugterne bløde ved 180 grader.

Når peberfrugterne er ristede, dæk dem i 30 minutter, fjern skindet og skær dem i strimler.

Skræl tomaterne og skær dem fint. Damp dem med løg skåret i fine strimler og chorizo peberpasta (tidligere hydreret i varmt vand i 30 minutter).

Tilsæt de ristede peberfrugter skåret i strimler og kog i 5 minutter. Juster salt og sukker.

Varm pillen op med torsk og paprika.

TRICK

Du kan også lave chilien med paprika, eller denne som bund, torsk på toppen, sauce med chili. Den kan også laves med en god ratatouille.

SÅL MED ORANGE

INGREDIENSER

4 såler

110 g smør

110 ml bouillon

1 spsk hakket frisk persille

1 tsk paprika

2 store appelsiner

1 lille citron

Mel

Salt peber

FORARBEJDNING

Smelt smørret i en gryde. Mel og krydr sålen. Steg begge sider i smørret. Tilsæt paprika, appelsin og citronsaft og røget kød.

Kog i 2 minutter ved middel varme, indtil saucen tykner lidt. Pynt med persille og server med det samme.

TRICK

Hvis du vil udvinde mere juice fra citrusfrugter, skal du varme dem i mikrobølgeovnen i 10 sekunder på maksimal effekt.

RIOJANA KUMULE

INGREDIENSER

4 kulmulefileter

100 ml hvidvin

2 tomater

1 rød peberfrugt

1 grøn peberfrugt

1 fed hvidløg

1 løg

Sukker

Olivenolie

Salt peber

FORARBEJDNING

Skær løg, peber og hvidløg i små stykker. Steg det hele på en pande ved middel varme i 20 minutter. Skru op for varmen, fugt med vinen og lad den reducere til den er tør.

Tilsæt de revne tomater og kog indtil alt vandet er tabt. Tilsæt salt, peber og sukker, hvis det er surt.

Grill koteletterne til de er gyldenbrune udenpå og saftige indeni. Tilføj til grøntsagerne.

TRICK

Salt kulmulen 15 minutter før tilberedning, så saltet fordeles mere jævnt.

KUMULE MED JORDBÆRSAUCE

INGREDIENSER

4 usaltede torskefileter

400 g brun farin

200 g jordbær

2 fed hvidløg

1 appelsin

Mel

Olivenolie

FORARBEJDNING

Blend jordbærrene med appelsinjuice og sukker. Kog i 10 minutter og rør rundt.

Hak hvidløget og steg det på en pande med lidt olie. Fjern og reserver. Steg den meldryssede torsk i samme olie.

Server torsken med saucen i en separat skål og læg hvidløget ovenpå.

TRICK

Bitter appelsinmarmelade kan erstattes med jordbær. Så skal du kun bruge 100 g brun farin.

MARINE PISTRAN

INGREDIENSER

4 ørreder

½ liter hvidvin

¼ liter eddike

1 lille løg

1 stor gulerod

2 fed hvidløg

4 nelliker

2 laurbærblade

1 kvist timian

Mel

¼ liter olivenolie

Salt

FORARBEJDNING

Salt og mel ørreden. Steg begge sider i olien i 2 minutter (den skal være rå indeni). Fjern og reserver.

Kog de stegte grøntsager i samme fedtstof i 10 minutter.

Bad med eddike og vin. Smag til med et nip salt, krydderurter og krydderier. Kog ved svag varme i yderligere 10 minutter.

Tilsæt ørreden, læg låg på og kog i yderligere 5 minutter. Lad den stå af varmen og server den, når den er kølet af.

TRICK

Denne opskrift indtages bedst natten over. Resten gør den endnu mere velsmagende. Brug resterne til at lave en lækker syltet ørredsalat.

BILBAINE STYLE syning

INGREDIENSER

1 2 kg brasen

½ liter hvidvin

2 spiseskefulde eddike

6 fed hvidløg

1 chilipeber

2 dl olivenolie

Salt

FORARBEJDNING

Skær brasenen ud, tilsæt salt, tilsæt lidt olie og bag ved 200°C i 20-25 minutter. Bad lidt efter lidt med vinen.

Steg imens de snittede hvidløg sammen med chilipeberen i 2 dl olie. Fugt den med eddike og hæld den over havbrasen.

TRICK

Udskæring betyder at man laver snit i fisken for at gøre det lettere at tilberede.

REJE SCAMPI

INGREDIENSER

250 g rejer

3 fed hvidløg, fileteret

1 citron

1 chilipeber

10 spiseskefulde olivenolie

Salt

FORARBEJDNING

Kom de pillede rejer i en skål, tilsæt rigeligt salt og citronsaft. Fjern det.

Steg de fileterede hvidløg og chili på en pande. Inden de skifter farve tilsættes rejerne og steges i 1 minut.

TRICK

For ekstra smag skal du macerere rejerne med salt og citron i 15 minutter før stegning.

KONDENSATOR

INGREDIENSER

100 g usaltet torsk i krymmel

100 g forårsløg

1 spsk frisk persille

1 flaske kold øl

Farvelægning

Mel

Olivenolie

Salt peber

FORARBEJDNING

Kom torsk, finthakket forårsløg og persille, øl, lidt madfarve, salt og peber i en skål.

Bland og tilsæt mel en spiseskefuld ad gangen under konstant omrøring, indtil du får en lidt tyk (ikke dryppende) vællinglignende dej. Lad afkøle i 20 minutter.

Steg i rigeligt olie, og hæld en skefuld dej over. Når de er gyldenbrune tages de ud og lægges på fedtsugende papir.

TRICK

Hvis der ikke er øl, kan det også laves med sodavand.

DOURADO COD

INGREDIENSER

400 g usaltet og smuldret torsk

6 æg

4 mellemstore kartofler

1 løg

Frisk persille

Olivenolie

Salt

FORARBEJDNING

Skræl kartoflerne og skær dem i sugerør. Vask dem grundigt, indtil vandet er klart, og steg dem derefter i rigeligt varm olie. Smag til med salt.

Steg løget skåret i julienne strimler. Hæv varmen, tilsæt den smuldrede torsk og kog til den er væk.

Pisk æggene i en separat skål, tilsæt torsk, kartofler og løg. Let frosset i en gryde. Smag til med salt og afslut med hakket frisk persille.

TRICK

Den skal være let krøllet for at være saftig. Kartoflerne saltes først til sidst, så de ikke mister sprødheden.

BASKERKRÆFT

INGREDIENSER

1 edderkoppekrabbe

500 g tomater

75 g Serranoskinke

50 g frisk brødkrummer (eller rasp)

25 g smør

1½ glas brandy

1 spsk persille

1/8 løg

½ fed hvidløg

Salt peber

FORARBEJDNING

Kog edderkoppekrabben (1 minut pr. 100 gram) i 2 liter vand med 140 g salt. Afkøl og fjern kødet.

Steg det hakkede løg og hvidløg sammen med skinken skåret i fine julienne strimler. Tilsæt revne tomater og hakket persille og kog indtil en tør frugtkød er opnået.

Tilsæt edderkoppekrabbekødet, dæk med brandy og flamber. Tilsæt halvdelen af krummerne fra varmen og stop edderkoppekrabben.

Drys de resterende krummer ovenpå og fordel smørret skåret i stykker. Bag toppen i ovnen, indtil den er gyldenbrun.

TRICK

Den kan også tilberedes med god iberisk chorizo og endda fyldes med rygeost.

I Eddike

INGREDIENSER

12 ansjoser

300 cl vineddike

1 fed hvidløg

Hakket persille

ekstra jomfru oliven olie

1 tsk salt

FORARBEJDNING

Læg de rensede ansjoser sammen med eddike fortyndet med vand og salt på en flad tallerken. Stil på køl i 5 timer.

Imens macerer du finthakket hvidløg og persille i olie.

Fjern ansjoserne fra eddiken og overtræk med olie og hvidløg. Sæt den tilbage i køleskabet i yderligere 2 timer.

TRICK

Vask ansjoserne flere gange, indtil vandet er klart.

MÆRKE AF NÅLE

INGREDIENSER

¾ kg usaltet torsk

1 dl mælk

2 fed hvidløg

3 dl olivenolie

Salt

FORARBEJDNING

Varm olien op med hvidløg i en lille gryde ved middel varme i 5 minutter. Tilsæt torsken og kog ved meget svag varme i yderligere 5 minutter.

Varm mælken op og kom den i et smoothieglas. Tilsæt skindfri torsk og hvidløg. Pisk indtil en fin dej opnås.

Tilsæt olien uden at stoppe piskningen, indtil du får en homogen dej. Smag til med salt og gratinér i ovnen ved maksimal effekt.

TRICK

Den kan spises på ristet brød og pyntes med lidt aioli på toppen.

PULVER I ADOBO (BIENMESABE)

INGREDIENSER

500 g hundhat

1 glas eddike

1 jævn spiseskefuld stødt spidskommen

1 jævn spiseskefuld sød paprika

1 jævn spiseskefuld oregano

4 laurbærblade

5 fed hvidløg

Mel

Olivenolie

Salt

FORARBEJDNING

Læg den tidligere hakkede hund i en dyb tallerken og rengør den.

Tilsæt en god håndfuld salt og en teskefuld hver af paprika, spidskommen og oregano.

Knus hvidløget med skindet og kom det i beholderen. Bræk laurbærbladene af og tilsæt dem også. Til sidst tilsættes et glas eddike og endnu et glas vand. Lad det hvile natten over.

Dogfish-stykkerne tørres, meles og steges.

TRICK

Hvis spidskommen er friskkværnet, tilsæt kun ¼ af spiseskeen. Den kan også laves med andre fisk som havtaske eller havtaske.

FORSEGLET CITRUS OG TUN

INGREDIENSER

800 g tun (eller frisk bonito)

70 ml eddike

140 ml vin

1 gulerod

1 porre

1 fed hvidløg

1 appelsin

½ citron

1 laurbærblad

70 ml olie

Salt og peber

FORARBEJDNING

Skær gulerod, porre og hvidløg i ringe og svits dem i lidt olie. Når grøntsagerne er blevet bløde, fugtes de med eddike og vin.

Tilsæt laurbærblad og peber. Tilsæt salt og kog i yderligere 10 minutter. Tilsæt skal og saft af citrusfrugterne og tun skåret i 4 stykker. Kog i yderligere 2 minutter og lad det hvile tildækket fra varmen.

TRICK

Følg de samme trin for at lave en lækker kyllingemarinade. Brun kun kyllingen, inden den tilsættes marinaden og steges i yderligere 15 minutter.

KRABBEREGNJAKKE

INGREDIENSER

500 g rejer

100 g mel

½ dl kold øl

Farvelægning

Olivenolie

Salt

FORARBEJDNING

Pil rejerne uden at fjerne haleenden.

Bland mel, lidt madfarve og salt i en skål. Rør det i lidt efter lidt og uden at stoppe brygningen.

Tag rejerne i halen, før dem gennem den forrige dej og steg dem i rigeligt olie. Tag den ud, når den er gyldenbrun og læg den på fedtsugende papir.

TRICK

Du kan tilføje 1 tsk karry eller paprika til melet.

TUNFLANE MED BASILIKUM

INGREDIENSER

125 g tun på dåse i olie

½ liter mælk

4 æg

1 skive snittet brød

1 spsk revet parmesan

4 friske basilikumblade

Mel

Olivenolie

Salt peber

FORARBEJDNING

Bland tunen med mælk, æg, skiveskåret brød, parmesan og basilikum. Tilsæt salt og peber.

Hæld dejen i separate, tidligere smurte og meldryssede forme og bag i en 170 grader varm ovn i 30 minutter.

TRICK

Du kan også lave denne opskrift med dåsemuslinger eller sardiner.

SOLE A LA MENIER

INGREDIENSER

6 såler

250 g smør

50 g citronsaft

2 spsk finthakket persille

Mel

Salt peber

FORARBEJDNING

Krydr og mel sålen, som er renset for hoved og hud. Steg begge sider i det smeltede smør ved middel varme, pas på ikke at brænde melet på.

Fjern fisken og tilsæt citronsaft og persille i gryden. Kog i 3 minutter uden at holde op med at røre. Anret fisken på et fad sammen med saucen.

TRICK

Tilføj nogle kapers for at pifte opskriften op.

LAKSEBRUN MED CAVA

INGREDIENSER

2 laksefileter

½ liter cava

100 ml creme

1 gulerod

1 porre

Olivenolie

Salt peber

FORARBEJDNING

Krydr og steg laksen på begge sider. Book det.

Skær gulerod og porre i tynde, lange stave. Sauter grøntsagerne i 2 minutter i samme olie som laksen. Fugt med cava og lad det reducere til det halve.

Tilsæt fløden, kog i 5 minutter, og tilsæt derefter laksen. Kog i yderligere 3 minutter, og smag til med salt og peber.

TRICK

Du kan dampe laksen i 12 minutter og ledsage den med denne sauce.

BILBAÍN STYLE HAVABASPIQUILTOS

INGREDIENSER

4 havbars

1 spiseskefuld eddike

4 fed hvidløg

Piquillo peber

125 ml olivenolie

Salt peber

FORARBEJDNING

Fjern lænden fra havbarsen. Smag til med salt og peber og steg på en pande ved høj varme til de er gyldenbrune på ydersiden og saftige indeni. Tag den ud og reserver den.

Hak hvidløget og steg det i samme olie som fisken. Fugt det med eddike.

Steg peberfrugterne i samme pande.

Anret havaborrefileten med saucen på toppen og tilsæt paprikaen.

TRICK

Bilbaosovsen kan laves på forhånd; så skal du bare genopvarme og servere.

MUSLINGER I VINAIGRETE

INGREDIENSER

1 kg muslinger

1 lille glas hvidvin

2 spiseskefulde eddike

1 lille grøn peberfrugt

1 stor tomat

1 lille forårsløg

1 laurbærblad

6 spiseskefulde olivenolie

Salt

FORARBEJDNING

Rengør skallerne grundigt med en ny skrubber.

Læg muslingerne i en skål med vin og laurbærblade. Dæk til og kog over høj varme, indtil de åbner sig. Reserver og kasser en skal.

Lav en vinaigrette ved at hakke tomater, forårsløg og peber. Smag til med eddike, olie og salt. Bland og hæld over skallerne.

TRICK

Lad det sidde natten over for at forbedre smagen.

MARMITACO

INGREDIENSER

300 g tun (eller bonito)

1 l fiskefond

1 spsk chorizo peber

3 store kartofler

1 stor rød peberfrugt

1 stor grøn peberfrugt

1 løg

Olivenolie

Salt peber

FORARBEJDNING

Svits det hakkede løg og peber. Tilsæt en skefuld chorizopeber og de skrællede og snittede kartofler. Rør i 5 minutter.

Våd den med fiskefonden og når den begynder at koge tilsættes salt og peber. Kog ved svag varme, indtil kartoflerne er gyldenbrune.

Sluk for varmen, og tilsæt derefter tun i tern og krydret. Lad hvile i 10 minutter før servering.

TRICK

Tun kan erstattes med laks. Resultatet er overraskende.

SALT HAVBOBOLE

INGREDIENSER

1 havbars

600 g groft salt

FORARBEJDNING

Vi tømmer og renser fisken. Læg en saltbund på en tallerken, læg havbarsen ovenpå og dæk med resten af saltet.

Bages ved 220 grader til saltet stivner og går i stykker. Det er cirka 7 minutter for hver 100 g fisk.

TRICK

Fisk bør ikke koges i salt, før den har skæl, fordi skæl beskytter kødet mod høje temperaturer. Saltet kan smages til med krydderurter eller æggehvider kan tilsættes.

DAMPEDE SKALLER

INGREDIENSER

1 kg muslinger

1 dl hvidvin

1 laurbærblad

FORARBEJDNING

Rengør skallerne grundigt med en ny skrubber.

Læg muslinger, vin og laurbærblade i en varm pande. Dæk til og kog over høj varme, indtil de åbner sig. Smid uåbnede ud.

TRICK

Det er en meget populær ret i Belgien, ledsaget af gode pommes frites.

Kulmule I GALICIEN

INGREDIENSER

4 skiver kulmule

600 g kartofler

1 tsk paprika

3 fed hvidløg

1 mellemstor løg

1 laurbærblad

6 spiseskefulde jomfruolivenolie

Salt peber

FORARBEJDNING

Varm vand i en gryde; tilsæt de skivede kartofler, løg, salt og laurbærblad. Kog ved svag varme i 15 minutter, indtil alt er blødt.

Tilsæt de krydrede kulmuleskiver og kog i yderligere 3 minutter. Dræn kartoflerne og kulmulen og kom det hele over i en lergryde.

Steg skåret eller hakket hvidløg i en pande; når de er gyldenbrune, tages de af varmen. Tilsæt paprikaen, bland og hæld saucen over fisken. Server hurtigt med lidt kogevand.

TRICK

Det er vigtigt, at mængden af vand lige akkurat dækker fiskeskiverne og kartoflerne.

HAKE BASKETBALL

INGREDIENSER

1 kg kulmule

100 g kogte ærter

100 g løg

100 g muslinger

100 g rejer

1 dl fiskesaft

2 spsk persille

2 fed hvidløg

8 aspargesspyd

2 hårdkogte æg

Mel

Salt peber

FORARBEJDNING

Skær kulmulen i skiver eller fileter. Krydr og mel.

Svits det finthakkede løg og hvidløg til det er blødt i en gryde. Øg varmen, tilsæt fisken og brun let på begge sider.

Fugt med ryger og kog i 4 minutter, rør konstant i gryden for at tykne saucen. Tilsæt pillede rejer, asparges, rensede muslinger, ærter og kvarte æg. Kog i yderligere 1 minut og drys den hakkede persille på toppen.

TRICK

Salt kulmulen 20 minutter før tilberedning, så saltet fordeles mere jævnt.

KNIVE MED HVIDLØG OG CITRON

INGREDIENSER

2 dusin knive

2 fed hvidløg

2 kviste persille

1 citron

ekstra jomfru oliven olie

Salt

FORARBEJDNING

Kom barbermuslingerne i en skål med koldt vand og salt dem aftenen før for at rense dem for sandrester.

Dræn, kom i en gryde, dæk til og varm op ved middel varme, indtil de åbner sig.

Hak imens hvidløg og persillegrene og bland med citronsaft og olivenolie. Dress barbermuslingerne med denne sauce.

TRICK

De er lækre med hollandaise eller bearnaisesauce (s. 532-517).

VEJLIG BUDDING

INGREDIENSER

500 g hovedløs skorpionfisk

125 ml tomatsauce

¼ l fløde

6 æg

1 gulerod

1 porre

1 løg

Brødkrummer

Olivenolie

Salt peber

FORARBEJDNING

Kog skorpionfisken i 8 minutter sammen med rene og finthakkede grøntsager. Til salt.

Smuldr kødet af skorpionfisken (uden skind og ben). Kom i en skål med æg, fløde og tomatsauce. Bland og smag til med salt og peber.

Smør en form og drys med rasp. Fyld med den forrige dej og bag i en bain-marie ved 175 grader i 50 minutter, eller indtil et nålestik kommer rent ud. Serveres koldt eller varmt.

TRICK

Du kan erstatte skorpionfisken med enhver anden fisk

MONDFISK MED BLØD HVIDLØGSCREME

INGREDIENSER

4 små djævlehaler

50 g sorte oliven

400 ml fløde

12 fed hvidløg

Salt peber

FORARBEJDNING

Kog hvidløget i koldt vand. Når de begynder at koge, tages de ud og vandet hældes ud. Gentag den samme handling 3 gange.

Kog derefter hvidløget i cremen ved svag varme i 30 minutter.

Tør udstenede oliven i mikrobølgeovnen. Vend dem gennem en morter og stød, indtil du får olivenpulver.

Krydr og kog djævelfisken ved høj varme, indtil den er saftig udenpå og gyldenbrun indvendig.

Smag saucen til. Servér havtaske på den ene side med sauce og olivenpulver på toppen.

TRICK

Smagen af denne sauce er glat og lækker. Hvis den er meget flydende, så kog i et par minutter mere. Hvis den derimod er meget tyk, tilsæt lidt varm flydende fløde og bland.

KUMULE I CIDER MED MYNTE ÆBLEKOMPOT

INGREDIENSER

4 kulmule

1 flaske cider

4 spiseskefulde sukker

8 mynteblade

4 æbler

1 citron

Mel

Olivenolie

Salt peber

FORARBEJDNING

Krydr kulmule og mel og steg i lidt varm olie. Tag den ud og læg den i en bageplade.

Skræl æblet, skær det fint, og kom det derefter i gryden. Bad med cider og bag i 15 minutter ved 165 ºC.

Tag æbler og sauce ud. Bland med sukker og mynteblade.

Server fisken med kompotten.

TRICK

En anden version af samme opskrift. Mel og rist kulmulen, og kom den derefter i en gryde med æbler og cider. Kog ved lav varme i 6 minutter. Fjern kulmulen og lad saucen reducere. Bland derefter med mynte og sukker.

Marineret laks

INGREDIENSER

1 kg laksefilet

500 g sukker

4 spsk hakket dild

500 g groft salt

Olivenolie

FORARBEJDNING

Bland saltet med sukker og dild i en skål. Læg halvdelen på bunden af en bakke. Tilsæt laksen og dæk med den anden halvdel af blandingen.

Stil på køl i 12 timer. Fjern og rengør med koldt vand. Fileter og overtræk med olie.

TRICK

Du kan smage saltet til med alle urter eller krydderier (ingefær, nelliker, karry osv.)

PISTAN BLUE OST

INGREDIENSER

4 ørreder

75 g blåskimmelost

75 g smør

40 cl flydende fløde

1 lille glas hvidvin

Mel

Olivenolie

Salt peber

FORARBEJDNING

Varm smørret op i en gryde med en dråbe olie. Steg de meldryssede og saltede ørreder i 5 minutter på begge sider. Book det.

Hæld vin og ost i fedtet, der er tilbage fra stegningen. Kog indtil vinen næsten er væk og osten er helt smeltet.

Tilsæt fløden og kog til den ønskede konsistens er nået. Tilsæt salt og peber. Ørred med sauce.

TRICK

Lav en sød og sur blå ostesauce, og erstat cremen med frisk appelsinjuice.

TUNATAKI DAMPET I SOJA

INGREDIENSER

1 tunfilet (eller laks)

1 glas soja

1 glas eddike

2 dybede spiseskefulde sukker

Skal af 1 lille appelsin

Hvidløg

ristet sesam

Ingefær

FORARBEJDNING

Rens tunen godt og skær den i stykker. I en meget varm pande, svits let på alle sider og afkøl straks i isvand for at stoppe kogningen.

Bland soja, eddike, sukker, appelsinskal, ingefær og hvidløg i en skål. Tilsæt fisken og mariner i mindst 3 timer.

Fordel med sesamfrø, skær i små skiver og server.

TRICK

Denne opskrift skal tilberedes af frossen fisk på forhånd for at undgå anisakis.

KUMULE KAGE

INGREDIENSER

1 kg kulmule

1 liter fløde

1 stort løg

1 glas brandy

8 æg

Bagte tomater

Olivenolie

Salt peber

FORARBEJDNING

Skær løget i julienne strimler og steg på en pande. Tilsæt kulmulen, når den er blød. Kog indtil færdig og smuldrer.

Hæv derefter varmen og hæld brændevinen i. Lad det køle af og tilsæt nogle tomater.

Tag af varmen og tilsæt æg og fløde. Hak alt op. Krydr efter smag og form. Bag i ovnen ved 165 grader i mindst 1 time eller indtil et nålestik kommer rent ud.

TRICK

Server med pink eller tatarsauce. Kan laves med enhver udbenet hvid fisk.

KAPITAL FYLDTE PEBER

INGREDIENSER

250 g usaltet torsk

100 g rejer

2 spiseskefulde ristede tomater

2 spsk smør

2 spsk mel

1 dåse piquillo peberfrugt

2 fed hvidløg

1 løg

Brandy

Olivenolie

Salt peber

FORARBEJDNING

Hæld vand over torsken og kog i 5 minutter. Fjern og reserver kogevandet.

Steg løget og de hakkede hvidløgsfed. Pil rejerne og kom skallerne i løggryden. Steg godt. Hæv varmen og tilsæt et skvæt brandy og de ristede tomater. Vask torsken med kogevand og kog i 25 minutter. Bland og filtrer.

Steg de hakkede rejer og stil til side.

Svits melet i smørret i cirka 5 minutter, tilsæt den sigtede bouillon og kog i yderligere 10 minutter, mens du pisker med et piskeris.

Tilsæt smuldret torsk og dampede rejer. Smag til med salt og peber og lad afkøle.

Fyld peberfrugterne med den forrige dej og server.

TRICK

Den perfekte sauce til disse peberfrugter er Biscayan (se bouillon og saucer).

RADIER

INGREDIENSER

1 kg hel blæksprutte

150 g hvedemel

50 g kikærtemel

Olivenolie

Salt

FORARBEJDNING

Rens blæksprutten grundigt, fjern det ydre skind og rens grundigt indersiden. Skær dem i tynde strimler på langs, ikke i bredden. Til salt.

Bland hvedemel og kikærtemel, og mel derefter blæksprutten med blandingen.

Varm olien godt op og steg kutlingringene lidt efter lidt, indtil de er gyldenbrune. Server straks.

TRICK

Blæksprutten saltes 15 minutter før og steges i meget varm olie.

SOLDATER AF PAVIA

INGREDIENSER

500 g usaltet torsk

1 spsk oregano

1 spsk stødt spidskommen

1 spsk madfarve

1 spsk paprika

1 glas eddike

2 fed hvidløg

1 laurbærblad

Mel

varm olie

Salt

FORARBEJDNING

Bland oregano, spidskommen, paprika, presset hvidløg, eddike og endnu et glas vand i en skål, og smag til med et nip salt. Læg den saltfri torsk skåret i strimler i marinaden i 24 timer.

Bland madfarven og melet. Mel torskestrimlerne, afdryp og steg i rigeligt varm olie.

TRICK

Server med det samme, så indersiden bliver saftig og ydersiden sprød.

RACHELLA

INGREDIENSER

125 g rå rejer

75 g hvedemel

50 g kikærtemel

5 tråde safran (eller farvestof)

¼ forårsløg

Frisk persille

ekstra jomfru oliven olie

Salt

FORARBEJDNING

Pak safranen ind i alufolie og rist den i ovnen i et par sekunder.

Bland mel, salt, safranpulver, hakket forårsløg, hakket persille, 125 ml meget koldt vand og rejerne i en skål.

Steg skefulde af den udrullede dej i rigeligt olie. Lad det stå til de er godt brunede.

TRICK

Bland dejen med en ske til den har en yoghurtlignende konsistens.

ØRRED TIL NAVARRA

INGREDIENSER

4 ørreder

8 skiver serranoskinke

Mel

Olivenolie

Salt

FORARBEJDNING

Tilsæt 2 skiver Serranoskinke til hver renset og renset ørred. Smag til med mel og salt.

Steg i rigeligt olie og fjern overskydende fedt på fedtsugende papir.

TRICK

Oliens temperatur skal være moderat høj, så den ikke kun brænder på ydersiden, og varmen ikke når ind til midten af fisken.

LAKSETATARA MED AVOCADO

INGREDIENSER

500 g laks uden ben og skind

6 kapers

4 tomater

3 syltede agurker

2 avocadoer

1 forårsløg

Saft af 2 citroner

Tabasco

Olivenolie

Salt

FORARBEJDNING

Skræl og udkern tomaterne. Dræn avocadoen. Hak alle ingredienserne så fint som muligt og bland dem i en skål.

Smag til med citronsaft, et par dråber Tabasco, olivenolie og salt.

TRICK

Den kan laves med røget laks eller andre lignende fisk, såsom ørred.

GALICISK Kammusling

INGREDIENSER

8 skaller

125 g løg

125 g Serranoskinke

80 g rasp

1 spsk frisk persille

½ tsk sød paprika

1 hårdkogt æg, hakket

FORARBEJDNING

Skær løget i små stykker og lad det simre ved lav temperatur i 10 minutter. Tilsæt skinke i tern og steg i yderligere 2 minutter. Tilsæt paprika og kog i yderligere 10 sekunder. Tag den ud og lad den køle af.

Når det er afkølet, kom det i en skål og tilsæt rasp, den hakkede persille og ægget. Det blander sig.

Fyld kammuslingerne med den forrige blanding, læg dem på en tallerken og bag dem ved 170 grader i 15 minutter.

TRICK

For at spare tid skal du forberede dem på forhånd og bage dem den dag, du har brug for dem. Det kan laves med kammuslinger og endda østers.

KYLLING I SAUCE MED SVAMPE

INGREDIENSER

1 kylling

350 g svampe

½ liter hønsebouillon

1 glas hvidvin

1 kvist timian

1 kvist rosmarin

1 laurbærblad

2 tomater

1 grøn peberfrugt

1 fed hvidløg

1 løg

1 cayenne

Olivenolie

Salt peber

FORARBEJDNING

Kyllingebrystet skæres i stykker, krydres og steges ved høj varme. Fjern og reserver. Svits løg, cayennepeber, peber og meget finthakket hvidløg i samme olie ved svag varme i 5 minutter. Skru op for varmen og tilsæt de revne tomater. Kog til alt vandet er væk fra tomaterne.

Tilsæt kyllingen igen og drys med vinen til saucen er næsten tør. Fugt det med bouillonen og tilsæt de aromatiske urter. Kog i cirka 25 minutter eller indtil kyllingen er mør.

Svits de skivede svampe, krydret med salt, i en varm pande med lidt olie i 2 minutter. Tilføj til kyllingegryden og kog i yderligere 2 minutter. Smag til med salt evt.

TRICK

Resultatet er lige så godt, hvis det er lavet med kantareller.

MARINERET KYLLING I ÆBLESAUD

INGREDIENSER

1 kylling

2 glas eddike

4 glas cider

2 fed hvidløg

2 gulerødder

1 laurbærblad

1 porre

2 kopper olie

Salt og peber

FORARBEJDNING

Skær kyllingen i stykker, krydr og steg på en pande. Tag den ud og reserver den. I samme olie svitser du gulerødder og porrer samt hvidløgsfed skåret i ringe. Når grøntsagerne er blevet bløde tilsættes væsken.

Tilsæt laurbærblad og peber, salt og kog i yderligere 5 minutter. Tilsæt kyllingen og steg i yderligere 12 minutter. Dæk til og lad stå af varmen.

TRICK

Tildækket i køleskabet holder den i flere dage. Syltning er en måde at konservere mad på.

DAMPET KYLLING NUSCALES

INGREDIENSER

1 stor kylling

150 g kantareller

1 glas brandy

1 kvist timian

1 kvist rosmarin

2 revet tomater

2 fed hvidløg

1 grøn peberfrugt

1 rød peberfrugt

1 gulerod

1 løg

Hønsekødssuppe

Mel

Olivenolie

Salt peber

FORARBEJDNING

Krydr og mel kyllingen skåret i stykker. Steg ved høj varme i lidt olie, fjern og stil til side.

I samme olie steges gulerødder, løg, hvidløg og peberfrugt, skåret i små stykker, i 20 minutter.

Skru op for varmen og tilsæt de revne tomater. Kog indtil næsten alt vandet er forsvundet fra tomaterne. Tilsæt de rene og finthakkede kantareller. Kog i 3 minutter ved høj varme, dæk med brandy og lad det simre.

Kom kyllingen i igen og hæld bouillonen over. Tilsæt de aromatiske urter og kog i yderligere 25 minutter.

TRICK

Enhver sæsonbestemt svampe kan bruges i denne ret.

KYLLINGEFILET MADRILEÑA

INGREDIENSER

8 kyllingefileter

3 fed hvidløg

2 spsk frisk persille

1 tsk stødt spidskommen

Mel, æg og rasp (til overtræk)

Olivenolie

Salt peber

FORARBEJDNING

Bland persille og finthakket hvidløg med rasp og spidskommen.

Krydr fileterne og rul dem i mel, sammenpisket æg og den forrige blanding.

Vi presser den med hænderne, så brødkrummerne hæfter godt. Steg i rigeligt varm olie, indtil de er gyldenbrune.

TRICK

Det kan være gratineret, med et par skiver mozzarella og concassé tomater (se bouillon og saucer) på toppen.

KYLLING MED GROV WHISKY

INGREDIENSER

12 kyllingelår

200 ml fløde

150 ml whisky

100 ml hønsebouillon

3 æggeblommer

1 forårsløg

Mel

Olivenolie

Salt peber

FORARBEJDNING

Krydr, mel og steg kyllingelårene. Fjern og reserver.

Svits det finthakkede løg i samme olie i 5 minutter. Tilsæt whiskyen og flamber (hætten skal tages af). Hæld fløde og bouillon over. Tilsæt kyllingen igen og lad det simre i 20 minutter.

Fjern fra varmen, tilsæt blommer og rør forsigtigt for at tykne saucen lidt. Smag til med salt og peber evt.

TRICK

Vi kan erstatte whisky med den alkoholiske drik, som vi bedst kan lide.

STEGT AND

INGREDIENSER

1 ren and

1 liter hønsebouillon

4 dl sojasovs

3 spiseskefulde honning

2 fed hvidløg

1 lille løg

1 cayenne

frisk ingefær

Olivenolie

Salt peber

FORARBEJDNING

I en skål blandes hønsebouillon, soja, revet hvidløg, finthakket cayennepeber og løg, honning, et stykke revet ingefær og peber. Mariner anden i denne blanding i 1 time.

Fjern fra marinaden og læg på en bageplade med halvdelen af marinadevæsken. Bages ved 200 grader i 10 minutter på begge sider. Altid med en våd børste.

Reducer ovnen til 180ºC og steg hver side i yderligere 18 minutter (fortsæt med at male med en pensel hvert 5. minut).

Fjern anden og stil saucen til side i en gryde ved middel varme.

TRICK

Bag fuglene først med forsiden nedad, så bliver de mindre tørre og saftigere.

VILLAROY KYLLINGEBRYST

INGREDIENSER

1 kg kyllingebryst

2 gulerødder

2 stænger selleri

1 løg

1 porre

1 majroe

Mel, æg og rasp (til overtræk)

Til béchamel

1 liter mælk

100 g smør

100 g mel

Jordnøddermus

Salt peber

FORARBEJDNING

Kog alle rene grøntsager i 2 liter vand (fra koldt) i 45 minutter.

I mellemtiden tilberedes besamel ved at riste melet i smørret ved middel-lav varme i 5 minutter. Tilsæt derefter mælken og bland. Smag til og tilsæt muskatnød. Kog i 10 minutter ved lav varme uden at stoppe piskningen.

Si bouillonen og kog brysterne (hele eller fileterede) i den i 15 minutter. Tag den ud og lad den køle af. Drys brysterne godt med bechamelsaucen og stil dem på køl. Når det er kølet af, overtræk det med mel, derefter æg og til sidst rasp. Steg i rigeligt olie og server varmt.

TRICK

Du kan lave en fantastisk creme af bouillon og knuste grøntsager.

KYLLINGEBRYST MED LAVSENNEPSSAUCE

INGREDIENSER

4 kyllingebryst

250 ml fløde

3 spiseskefulde brandy

3 spiseskefulde sennep

1 spiseskefuld mel

2 fed hvidløg

1 citron

½ forårsløg

Olivenolie

Salt peber

FORARBEJDNING

Krydr og steg brysterne skåret i almindelige stykker i lidt olie. Book det.

Svits løg og finthakket hvidløg i samme olie. Tilsæt melet og kog i 1 minut. Tilsæt brandy, indtil det fordamper, og hæld derefter fløde, 3 spsk citronsaft og -skal, sennep og salt i. Kog saucen i 5 minutter.

Kom kyllingen i igen og lad det simre i yderligere 5 minutter.

TRICK

Riv først citronen, inden du trækker saften ud. Vi sparer penge, den kan også tilberedes med finthakket kylling i stedet for bryst.

STEGT PINTADA MED BLOMMER OG SVAMPE

INGREDIENSER

1 malet

250 g svampe

200 ml pulver

¼ liter hønsebouillon

15 udstenede blommer

1 fed hvidløg

1 tsk mel

Olivenolie

Salt peber

FORARBEJDNING

Smag til med salt og peber og bag perlehønen sammen med blommerne i 40 minutter ved 175 ºC. Vend halvvejs gennem bagningen. Når tiden er gået, fjern og gem saften.

Steg 2 spsk olie og melet på en pande i 1 minut. Hæld vinen over og lad den reducere til det halve. Fugt med stegesaften og bouillonen. Kog i 5 minutter uden at holde op med at røre.

Svits svampene for sig med lidt hakket hvidløg, tilsæt saucen og bring det i kog. Server perlehønen med saucen.

TRICK

Til særlige lejligheder kan du fylde perlehønen med æbler, foie gras, hakket kød og tørret frugt.

 AVES

VILLAROY KYLLINGEBRYST FYLDT MED KARAMELISEREDE PIQUILLOS I MODENA Eddike

INGREDIENSER

4 kyllingebrystfileter

100 g smør

100 g mel

1 liter mælk

1 dåse piquillo peberfrugt

1 glas Modena eddike

½ kop sukker

Muskatnød

Æg og rasp (til overtræk)

Olivenolie

Salt peber

FORARBEJDNING

Svits smør og mel i 10 minutter ved svag varme. Hæld derefter mælken i og kog i 20 minutter under konstant omrøring. Smag til og tilsæt muskatnød. Lad det køle af.

Karamelliser imens paprikaen med eddike og sukker, indtil eddiken begynder (bare begynder) at tykne.

Krydr fileten og fyld med piquillo. Pak brysterne ind i gennemsigtig folie, som om de var meget hårde slik, forsegl og kog i 15 minutter i vand.

Når det er bagt, drys alle sider med bechamel og overtræk med sammenpisket æg og rasp. Steg i rigeligt olie.

TRICK

Tilsætter du et par spiseskefulde karry, mens melet til bechamelen simrer, bliver resultatet anderledes og meget rigt.

KYLLINGEBRYST FYLDT MED BACON, SVAMPE OG OST

INGREDIENSER

4 kyllingebrystfileter

100 g svampe

4 skiver røget bacon

2 spiseskefulde sennep

6 spiseskefulde fløde

1 løg

1 fed hvidløg

skiveskåret ost

Olivenolie

Salt peber

FORARBEJDNING

Krydr kyllingefileten. Rens svampene og skær dem i kvarte.

Steg baconen og svits de hakkede svampe med hvidløget ved høj varme.

Fyld fileterne med bacon, ost og svampe og forsegl dem perfekt med gennemsigtig folie, som om de var slik. Kog i kogende vand i 10 minutter. Fjern filmen og fileten.

Steg på den anden side det hakkede løg, tilsæt fløde og sennep, kog i 2 minutter og blend. Med sauce på kyllingen

TRICK

Den gennemsigtige film er modstandsdygtig over for høje temperaturer og tilfører ingen smag til maden.

www.ingramcontent.com/pod-product-compliance
Lightning Source LLC
Chambersburg PA
CBHW070422120526
44590CB00014B/1506